Rosel Sättler

Tausend Jahre überlebt

Projekte-Verlag

Impressum

2. Auflage
© Projekte-Verlag Cornelius GmbH, Halle 2007 • www.projekte-verlag.de

Satz und Druck: Buchfabrik JUCO • www.jucogmbh.de

ISBN   978-3-86634-420-4
Preis: 9,90 EURO

Inhalt

Mathilde und Norbert
Eine Familie in der Vorkriegszeit   7

Kriegsjahre   29

Nachkriegszeit   90

Mathilde und Norbert
– Eine Familie in der Vorkriegszeit

Der große Strom war endlich eisfrei, und das Hochwasser verlief sich langsam in dem normalen Flussbett. Schon war der Frühling mit seiner verschwenderischen Fülle eingekehrt. Mathilde, die junge Frau des Försters, atmete auf, denn der Winter war ungewöhnlich lang und hart gewesen. Erst vor einem halben Jahr konnte sie gleich nach der Hochzeit mit ihrem Norbert in diese einsame Försterei ziehen. Es war für beide ein großes Glück, dass die Stelle durch den Tod des alten Försters freigeworden war und Norbert sie bekam. Mathilde fiel dieses Leben oft nicht leicht, war doch ihr bisheriges Leben unter anderen Bedingungen gelaufen.
Immer war viel Trubel um sie herum gewesen und nun diese Stille und Abgeschiedenheit. Mathilde war zwischen fünf Brüdern aufgewachsen. Sehr streng und national-deutsch erzogen. Das hinderte aber die Geschwisterschar nicht, den Kopf voller Unsinn zu haben. Oft erwartete der Vater seine Garde, wie er sie stolz nannte, mit der Reitpeitsche drohend, vor dem Hauseingang. Eine recht unbeschwerte Kindheit war ihnen auf verschiedenen Gütern Schlesiens beschieden, auf denen ihr Vater Inspektor war. Schon vor dem ersten Weltkrieg wurde er in eine leitende Stellung in die Breslauer Landwirtschaftskammer berufen.
Mathilde weinte noch mit achtzehn Jahren, wenn auch heimlich, weil sie kein Junge war, musste sie doch die Vorschriften eines jungen Mädchens beachten. Vielleicht wäre sie mit ihren Brüdern auf Bäumen herumgeklettert, schießen und wilde Reiterspiele bestreiten, oder gar Soldat geworden.
Als 1921 der Vater plötzlich an einer Venenentzündung starb, die Mutter schon ans Bett gefesselt war, und die Inflation das beträchtige Vermögen der Familie gefressen hatte, mussten alle Brüder von der höheren Schule. Der Älteste hatte noch

das Abitur erreicht und trat in den Polizeidienst. Zwei Brüder begannen eine Forstlehre, und die beiden jüngsten fanden ebenfalls bei der Polizei ihr Unterkommen. Mathilde hatte auf dem Lyzeum die mittlere Reife erlangt. Sie und eine Pflegerin betreuten Tag und Nacht die Mutter, die ihren Mann nur eineinhalb Jahre überlebte.
Das Leben fasste Mathilde schon hart an, denn nun musste sie sich ihren Lebensunterhalt bei weitläufigen Verwandten verdienen. Auf deren kleinen Gut bekam sie aber auch das Rüstzeug für ihre Ehe. Den gediegenen elterlichen Haushalt hatte Mathilde mit Einverständnis der Brüder aufgelöst. Viel hatte sie im vergangenen November mit in das Forsthaus gebracht. Zum Glück war der unbefestigte Weg schon hart gefroren, so dass der Möbelwagen sicher dahin gelangte und auf dem Rückwege gleich den Hausrat der Witwe des alten Försters mitnehmen konnte.
So kam es, dass das Forsthaus mit kostbaren Möbeln, Wäsche, Geschirr und Silber reichlich ausgestattet war. Norbert brachte kaum materielle Dinge mit in den Haushalt. Nur seine treue Dackelhündin, seine Jagdgewehre und eine Fotoausrüstung und viele Fachbücher. Doch seine Liebe zu Mathilde, sein ausgeglichenes Wesen, der große Gerechtigkeitssinn und die Naturverbundenheit sowie seine exakte Berufsauffassung bildeten ein gutes Gegengewicht. Auch Mathildes Brüder fanden bei ihm einen guten Freund und immer das verlorene Elternhaus wieder.
Wenn Norbert auch an einer Oberschule einen hervorragenden Abschluss erreicht hatte, war seine Kindheit weniger glücklich verlaufen. Er war als Nachkömmling seiner zehn und zwölf Jahre älteren Halbgeschwister geboren.
Der Vater war gelernter Handelskaufmann und machte der Mutter und dem kleinen Norbert durch seinen Zorn und Herrschsucht das Leben oft schwer, und in der Familie ging es knapp zu. Die Mutter versuchte, alles mit Güte und Ge-

duld auszugleichen. Norbert musste schon mit zehn Jahren zu fremden Leuten, um in der Stadt die Schule zu besuchen. Er und ein weiterer Knabe, welche von einem Ehepaar aufgenommen waren, mussten alle groben Arbeiten im Haushalt erledigen, ihre Kammer konnte nicht geheizt werden, und die Verpflegung war dürftig, obwohl die Eltern dafür bezahlen mussten. Sehr großes Heimweh plagte das von Natur aus schon schmächtige Kind. Doch immer wieder wurde ihm eingehämmert: „Ein deutscher Junge muss hart werden. Der Kaiser braucht ganze Männer." Nur die Mutter hatte Verständnis für das zarte, sensible Kind, und in den Ferien durfte sich Norbert heimlich bei ihr ausweinen. Nach der Forstlehre absolvierte er eine renommierte Forstschule und hatte so die Grundlagen für spätere Aufstiegsmöglichkeiten geschaffen. Alle guten Eigenschaften des Vaters hatte er gern übernommen, die schlechten geschworen, wie den Teufel zu meiden. Der Mutter Sanftmut und Güte war ihm auch in die Wiege gelegt worden.

Der Sommer hatte neben den guten Seiten auch eine neue Plage gebracht. Unübersehbare Schwärme von Stechmücken quälten Tiere und Menschen. Jeden Abend mussten Mathilde und Norbert erst Jagd machen, besonders in ihrem Schlafzimmer, denn trotz Gagefenstern hatten die blutgierigen Insekten einen kleinen Spalt zum Hineinschlüpfen gefunden. Am Tage schützte man sich durch derbe Kleidung und Mückenschleier. Im August kam dann die kleine Tochter zur Welt. Ein Siebenmonatskind, unausgereift, sehr hässlich, und den Eltern schauerte es beim ersten Anblick ihres Kindes. Ein Klinikaufenthalt gab es für diese Fälle noch nicht, und die unerfahrenen Eltern waren, bis auf ein paar Ratschläge der Hebamme, auf sich allein gestellt. Doch das Kind gedieh prächtig, es hatte sich bald zu einem runden Baby entwickelt. Ruhig und pflegeleicht war es auch, und die Eltern fanden nichts besonderes daran.

Die kleine Landwirtschaft musste ja auch noch betrieben werden. Es war der Lebensunterhalt der Familie. Als Hilfsförster bekam Norbert nur ein spärliches Gehalt. Mit 160 Reichsmark im Monat waren auch damals keine großen Sprünge zu machen. Jeden Monat lag bei der Gehaltszahlung die vorläufige Kündigung bei, denn die Behörden wussten von einem Monat zum anderen nicht, ob sie weiter zahlungsfähig blieben. Da mussten ja auch noch die Übernahmekosten, wie vereinbart, an die Witwe des Vorgängers gezahlt werden. Lieber wollten die Forstleute mit trocknem Brot vorlieb nehmen, als ihren Verpflichtungen nicht nachzukommen.
Die unruhigen Zeiten drangen bis in die Waldeinsamkeit, und es kam nicht selten vor, dass Arbeitslose oder Zigeuner bis in das entlegene Gehöft betteln kamen. Von den zwei Hunden, ein großer Jagdhund war von einem Jagdpächter in Pflege gegeben worden, nahm Norbert immer nur einen mit ins Revier. Der andere bewachte das Anwesen und schlug sofort an, wenn Fremde sich näherten. Auch hatte Mathilde immer eine Pistole schussbereit dabei, die sie aber nie anwenden brauchte. Norbert handelte manchmal für schwere Arbeiten mit bedürftigen Familienvätern aus dem Dorf einen Tageslohn aus. So versuchte er zu helfen.
Auf dem Hof tummelten sich Hühner, drei Schafe, ein bis zwei Schweine sowie eine kleine Herde Gänse und Enten. Das Federvieh fand ebenso wie die Schafe den ganzen Sommer auf der angrenzenden Wiese und dem Wald ihr Futter selbst. Dabei musste man halt auch dem Fuchs und dem Habicht seinen Tribut zahlen, es war zwar ärgerlich, aber es hielt sich in Grenzen. Im Stall standen drei rotbunte Kühe, die jedes Jahr auch drei Kälber brachten. Mathilde war eine kühle Rechnerin, und der Verkauf der Jungtiere kam der Haushaltskasse zugute. Vom Frühjahr bis zum Herbst wurde das Rindvieh auf die breiten, mit üppigen Gras bewachsenen Waldwege getrieben. Die langen Ketten, die um den Hals der Tiere be-

festigt, und am anderen Ende mit in die Erde getriebenen Stahlpflöcke verbunden waren, ermöglichten ihnen viel Freiheit. Am Abend wurden sie mit prallgefüllten Eutern heim getrieben. Schlimm wurde es, wenn sich eine Kuh oder alle drei, aus welchem Grund auch immer, losreißen konnten. Dann halfen die Hunde, sie im dichten Wald, manchmal kilometerweit entfernt, aufzuspüren. Und dann gab es noch ein schönes Pferd. Es zog den Kutschwagen zu den vierzehntägigen Einkaufsfahrten mit Leichtigkeit, aber wenn es an einen Ackerwagen gespannt wurde, gab es Ärger. Das ausgediente Militärpferd fand es unter seiner Würde, einen Ackerwagen zu ziehen. Diese Tücken waren bei dem vermeintlich günstigen Kauf verschwiegen wurden. Norbert und Mathilde verzweifelten fast. Das Pferd rührte sich weder durch gutes Zureden noch Zucker oder der Peitsche vom Fleck. Norbert zündete sogar ein Bündel Stroh unter dem Bauch des Tieres an, doch auch ohne Erfolg. Dann hatte Norbert einen genialen Einfall. Er spannte den Gaul vor den Kutschwagen, an den er die Mistfuhre gebunden hatte. Das Tier war überlistet und zog nun mühelos die Last. Dieses Theater währte aber nicht lange, das Pferd wurde verkauft, dafür kam ein genügsames Halbpony auf den Hof. Es war neben den Hunden der beste Hausfreund, denn es stolperte schon mal ins Wohnzimmer und ließ sich die Blumen aus einer Vase schmecken.

Mathilde musste rasch melken lernen, denn das konnte sie noch nicht. Die frische Milch verarbeitete sie gleich zu Sahne, Magermilch, Quark und Käse, wie sie es bei ihren Verwandten gelernt hatte. Jede Woche wurde das Butterfass gedreht, was besonders im Sommer oft Kummer bereitete, die Butter wollte nicht zusammenhalten. Alle vier Wochen musste Brot gebacken werden und danach noch ein schlesischer Streuselkuchen, der Mathilde immer bestens gelang. Im Keller hielt er sich lange Zeit frisch und schmeckte jeden Tag besser. Norbert bekam altbackene Ware besonders gut, sein Magen war sehr empfindlich.

In dieser Zeit starben innerhalb von acht Wochen auch Norberts Eltern. Der zum Anwesen gehörende Acker hatte man an einen Bauern im Dorf verpachtet, dafür gab es Naturalien. Nicht weit vom Gehöft waren zwei große Wiesen, die das Heu für den Winter lieferten, und auch das Rehwild konnte sich darauf gütlich tun.
So lebten die drei Menschen mit ihrer täglichen Arbeit in Freud und Kummer recht allein, aber zufrieden. Besonders Mathilde fügte sich dank ihrer harten Erziehung und ihrer positiven Lebenseinstellung in das Unvermeidliche. Mit dem großen Strom, der Oder, konnte sie sich nicht anfreunden. Bei dem Hochwasser mit Eisgang hatte sie große Angst. Oft stand das Wasser dreißig bis zwanzig Zentimeter unter der Dammkrone. Von den umliegenden Dörfern fuhren die Bauern und alle verfügbaren Kräfte viele Hunderte mit Sand gefüllte Säcke an den Deich, um so Dammbrüche zu verhindern. Das Grundwasser ließ dann Tümpel und Waldseen ansteigen, und nur noch befestigte, höher gelegene Wege konnten genutzt werden. Ein Telefon war eine Verbindung zur Außenwelt.
Gut abgelagerte trockene Eichen und Birkenscheite sorgten für die gemütliche Wärme im Forsthaus. Ab und zu kamen Oderschiffe ans Land. Sie hatten in der Nähe geankert und kannten den Weg durch den schmalen Uferstreifen, der mit Erlen, Schlehdorn und anderem Gestrüpp bewachsen war. Gern kauften die Schiffer frische Eier, Butter, ein Suppenhuhn oder etwas frisches Gemüse oder Beerenobst. Auch wurde ab und an ober-schlesische Steinkohle ans Land gebracht, das war auch ein Leckerbissen für die Tiere. Für beide Parteien bot das Zusammentreffen eine willkommene Abwechslung.
Elektrisches Licht gab es nicht, und in Küche und Stall leuchteten Petroleumlampen. In den Zimmern aber hingen Spiritusleuchten. Sie gaben ein helles Licht, vergleichbar mit Neonleuchten, und waren besonders in den Wintermonaten sehr nützlich, hatte Norbert doch gerade da viele schriftliche Arbei-

ten zu erledigen. In der kalten Jahreszeit war der Holzeinschlag in vollem Gange. Löhne, Holzmengen und den Verkauf musste jeder Revierleiter selbst verrechnen und verbuchen.

Norbert und Mathilde versuchten, treu in ihrem angestammten, evangelischen Glauben zu leben. Als Ursula, genannt Ursel, in der Kirche des über eine Wegstunde entfernten Ortes getauft wurde, sollte das Kind auch nach christlichen Grundsätzen erzogen werden.

Ab und zu kam ein Kollege aus dem Nachbarrevier mit Familie zu Besuch, und zweimal im Jahr wurde dieser dann erwidert. Der Kontakt war immer nur lose. Alle vierzehn Tage ging es mit dem Pferd und Wagen in die Kreisstadt, um die nötigen Vorräte einzukaufen und andererseits Butter und Eier zum Verkauf anzubieten. Jedes mal war es ein Fest. Man streifte durch die Geschäfte, in denen die Familie besonders durch Norberts freundliches Auftreten und natürlich auch seine fesche Försteruniform immer gern gesehen war. Es war schon Tradition, beim Fleischer Heppner die Frühstücksstube aufzusuchen. Besonders Mathilde liebte etwas Herzhaftes. Kurz vor der Heimfahrt ließ man sich eine Tasse Kaffee und ein Stückchen Kuchen im „Kaffee Renz" schmecken. Das Pferd war indessen in der Ausspannung versorgt, und alle Waren hatten die Kaufleute schon auf dem Kutschwagen verstaut.

Norbert machte oft lustige Bemerkungen, und wenn zu Hause gefragt wurde: „Was gibt es denn heute zum Mittagessen?" sagte er oft: „Kapern mit langen Schwänzen." Einmal stand in dem Kaufladen ein Regal, in dem Gläschen mit Kapern ausgestellt waren. Mathilde meinte zu ihrer Tochter: „Siehst du, das sind Kapern, von denen der Vati immer spricht." Staunend betrachtete das Kind die Gläschen und fragte dann verwundert die Mutter: „Und wo sind die langen Schwänze?"

Der fünfzehn Kilometer lange Heimweg wurde nur noch einmal im Dorf unterbrochen, um in der Mühle gleich Kraftfutter für die Tiere und Roggenmehl zum Brotbacken mitzunehmen.

Immer wieder drangen auch in die idyllische Einsamkeit die politischen Schreckensmeldungen. In der Tageszeitung war zu verfolgen, wie die Weltwirtschaftskrise mehr und mehr dem Höhepunkt entgegenströmte. Norbert beschloss, um bessere Informationen zu erhalten, ein Radio zu kaufen. Es musste wegen der fehlenden Energie mit einem Akku betrieben werden. Auch der Besuch Mathildes Brüder und gelegentlich anderer Verwandten ließen verschiedene politische Richtungen diskutieren.
Es war im November üblich, zu Beginn der Hasenjagd jährlich eines der Forsthäuser der Umgebung für die Verpflegung mit Erbsensuppe zu gewinnen.
1931 war Mathilde an der Reihe, für Jäger und Treiber zu Sorgen, sogar die Hunde hatte sie nicht vergessen, nicht jede Försterfrau dachte daran. Schon lange freute sie sich auf dieses Ereignis. Es war doch ihr Einstand, und große Töpfe waren für sie nichts Außergewöhnliches. Obwohl Mathilde im Dezember ihr zweites Kind erwartete, fühlte sie sich wohl und gesund und den Aufgaben durchaus gewachsen. Ursel war schon drei Jahre und ein fröhliches gesundes Kind, was sich stundenlang allein beschäftigen konnte.
Eigentlich war Mathilde ganz froh, ihren jüngeren Bruder nicht immer bei sich zu haben. Hans tauchte oft überraschend auf, denn er wechselte seine Arbeitsstelle als Hilfsförster wie sein Hemd. Bei Schwester und Schwager fand er dann für einige Zeit ein Zuhause. Im Gegensatz zu seinen Geschwistern war er unbeständig und im Dienst rechthaberisch, was kein Arbeitgeber duldete. Bald wandte sich Hans dem Nationalsozialismus zu und wurde SA Mann und öffentlicher Judenhasser. Diese Ideologie fand besonders bei Mathilde Interesse. Norbert konnte nicht mit in das Horn stoßen, er hatte mit Juden nur gute Erfahrungen gemacht. Doch des lieben Friedens willen meinte er: „Jeder muss nach seiner Fasson selig werden."
Christof wurde geboren, groß und kräftig.

Als der Vater seiner Tochter den kleinen Bruder zeigte, rief sie: „Vati, er hat mich schon angelacht." Problemlos verlief das Dasein des Geschwisterchens aber nicht. Die Eltern standen vor unlösbaren Hindernissen. Die große Ursel machte wieder in die Hosen, was nun?
Als im Frühjahr die treue Dackelhündin Junge bekam, Mathilde betrieb nun auch eine Dackelzucht, gab es eine kleine Katastrophe. Das Mädchen pumpte sich mühsam eine Kanne Wasser aus dem Brunnen und wusch alle Welpen in dem eisigen Bad. Das waren Hundbabys, und die mussten doch ebenso wie ihr kleiner Bruder täglich gebadet werden. Sicher hatte die Mutter keine Zeit, und da musste sie ihr doch helfen. Die jungen Hunde überlebten diese Prozedur nicht.
Mathilde konnte so erst von dem Erlös des Herbstwurfes den Rest der Übernahmeschulden bezahlen, doch dann waren sie endlich schuldenfrei.
Man konnte an eine Haushaltshilfe denken. Einige junge Mädchen blieben nur kurze Zeit, ihnen war es doch zu einsam. Zwei Jahre hielt dann Lotte aus.
Beide Frauen verband eine echte Freundschaft. Oft tönte herzliches Lachen der Erwachsenen, vermischt mit dem lustigen Geschrei der Kinder, über den einsamen Hof. Mathilde war rundum zufrieden. Sie nähte für sich, Lotte und die kleine Ursel Dirndlkleider, und Norbert fotografierte alle drei. Im Winter rissen die zwei Frauen die Federn der zwölf Gänse. Es war selbstverständlich, dass Lotte davon ihre Aussteuerbetten bekam. Vater Norbert las, soweit es seine Zeit erlaubte, aus dem „Alten Testament" vor. Als Hans wieder einmal da war, sagte er zu seinem Schwager: „Was liest du den Judenkram?" Norbert antwortete schroff: „Geh schlafen!" Daraufhin wagte Hans dieses Thema bei Norbert nicht mehr zu berühren.

Christof bekam mit einem halben Jahr Darmstörung, und er wurde Mutters Sorgenkind, alle Aufmerksamkeit galt nun ihm.

Ursel fühlte sich sehr zum Vater hingezogen, was auch ein ganzes Leben so bleiben sollte. Er nahm das Kind oft bei kurzen Gängen in den Wald mit, sprach mit ihm und erklärte die Natur und ihre Gesetzmäßigkeiten. Mit bloßen Händen fing er eine Waldmaus, sie war so niedlich, dass Ursel sie der Mutter mitbringen wollte. Das Mäuschen wurde ganz vorsichtig in die Schürzentasche gesetzt und Ursel hielt bis nach Hause schützend ihr Händchen darüber. Als das schöne Geschenk überreicht werden sollte, hatte es sich durch ein kleines Loch, welches sich das Tier erknappert hatte, längst in die Freiheit geflüchtet.

Eine ganz besondere Zeit galt Weihnachten. Alles war schon dick verschneit, und die beiden Kinder tummelten sich auch bei großer Kälte im Schnee.

Mathilde hatte nicht mehr so viel Arbeit auf dem Hof. Die Tiere wurden mit den Wintervorräten versorgt. Es war so schön heimlich, wenn die Mutter Märchen von Zwergen und Tieren vorlas, aber auch Teufel und Engel trieben darin ihr Spiel. Am liebsten hörten die Geschwister aber zu, wenn Mathilde aus ihrer eigenen Kindheit erzählte. Auch der liebe Gott wurde da mit einbezogen.

In so einer naturbelassenen Heimat regte das die beiden Geschwister zu eigenen Phantasien an, und besonders Ursel konnte ihrem kleinen Bruder schöne und aufregende, selbstgedachte Geschichten erzählen. Natürlich durfte auch das Christkind nicht fehlen, und so kam eine Hausangestellte auf die Idee, den Kindern als Himmelsgestalt zu erscheinen. Dieses Wesen kam in der Dämmerung aus dem Wald und war ganz in weiße Tüllgardinen gehüllt. Der Dackel sprang gleich freudig an ihm hoch, und als dann ein Säckchen Äpfel und Nüsse in der Stube ausgeschüttet wurde, war der Hund der erste, der sich darauf stürzte. Ursula ahnte, wer dahinter steckte und machte das Spiel mit, nur Christof kauerte sich klein und ängstlich in die Sofaecke. „Aber Christof, was ist denn mit dir?" fragte

die besorgte Mutter den leichenblassen Jungen. Da brachen alle Ängste aus dem kleinen Buben hervor und schluchzend gestand er: „Ich dachte jetzt kommt der Tod." Seither gelobten sich die jungen Eltern, ihren Kindern immer die Wahrheit zu sagen, damit sie lernen, Märchen und Wahrheit voneinander zu unterscheiden.
Not litt die kleine Familie nie. Sie lebte dabei aber auch sehr bescheiden und anspruchslos. Neben ein bis zwei Schafen wurde jedes Jahr ein Schwein geschlachtet, und das Geflügel lieferte das Frischfleisch. Auch manches Stück Wild wurde dem Förster für seine Hegerdienste vom Jagdpächter, es waren reiche Herren, überlassen. So waren Gäste auch immer gern gesehen. Die unverheirateten Brüder kamen ins Forsthaus, um ihren Jahresurlaub in der Stille zu verbringen und meinten: „Hier können wir mal wieder richtig Mensch sein." Mathilde und Norbert taten alles, um sie ein paar Tage zu verwöhnen, und die Kinder waren begeistert, sie liebten jeden Onkel auf ihre Art und bekamen jedesmal Geschenke. Hans weilte nun nicht mehr so lange bei seiner Schwester. Oft schmiss er ihr nur die dreckige Wäsche hin und nahm die saubere wieder mit. Mathilde und Norbert wussten, dass er jetzt ganz bei der SA war und sich dort auch aushalten ließ. Nur einmal tauchte er in der braunen SA Uniform im Forsthaus auf.
Norbert sprach ein ernstes Wort mit ihm und verbot ihm, noch einmal in diesem Aufzug zu kommen. Wenn auch widerwillig, so akzeptierte Hans doch die ruhigen, aber bestimmten Worte seines Schwagers. Norbert war neunzehnhundert geboren und nie Soldat gewesen.
Im ersten Weltkrieg noch zu jung, und später meldete er sich auch nicht zu dem in Deutschland erlaubten Hunderttausendmannheer. Er war Pazifist und wollte es auch bleiben.

Mit Windeseile strebte das deutsche Volk der Machtübernahme des Nationalsozialismus entgegen. Und in einer Wahl,

in der die Nationalsozialisten mit auf der Wahlliste standen, gab es für sie nur eine Stimme in der Gemeinde. Hans hatte sie abgegeben, er war ja auch schon Mitglied dieser Partei. Walter, Mathildes zweitältester Bruder, hatte sich auf die Seite der Sozialdemokraten geschlagen. Er war auch schon verheiratet und tat seinen Forstdienst in staatlichen Wäldern.
Schon allein die Entfernung verhinderte es, seine Schwester öfter zu besuchen, und so trafen die Brüder, die Eiferer ihrer Überzeugung, nie aufeinander.
Norbert verfolgte Deutschlands Entwicklung in Zeitung und Rundfunk sehr skeptisch, seine Frau dagegen war hell begeistert. Norbert unterhielt sich mit seinen Waldarbeitern, die ihm vertrauten und besprach mit ihnen manches Für und Wider.
1933, Hitler ist an der Macht, und das Volk jubelt ihm euphorisch zu. Den meisten leuchtet sein Programm ein, und in Scharen schließen sich junge und alte Menschen dem Nationalsozialismus an.
Ursel und Christof verleben, ahnungslos des Weltgeschehens, glückliche Kinderjahre. Sie sind gesund und von allen äußeren Einflüssen fern und können in ihren kühnsten Träumen die aufregendsten Abenteuer bestehen. Ursel ist die treibende Kraft, schon sehr selbständig und immer auf das Wohl des kleinen Bruders bedacht. Nach Ostern 1935 kommt Ursel zur Schule. Viereinhalb Kilometer hin und viereinhalb Kilometer zurück. Das längste Stück geht Ursel auf dem Oderdamm, anschließend die Brücke über den Strom und danach den Berg hinauf. Auf dem Plateau stand die Kirche der kleinen Stadt, und am Nordhang davor war der Friedhof. Ein großes Wohngebäude für den Pastor und drei Lehrer stand im Schatten großer Kastanien und Linden.
Anschließend kam der Pausenhof, der durch einen gepflasterten Weg in eine Mädchen- und eine Jungenseite geteilt war. Das große Schulgebäude schloss den bebaubaren Platz ab.

Eine Zuckertüte, wie alle anderen Kinder, bekam Ursel nicht, und den langen Weg sollte sie schon vom ersten Tage an allein zurücklegen. Norbert hatte Mitleid mit seiner Tochter, schwang sich auf sein Leichtmotorrad und kam ihr auf halben Wege entgegen. Wenn es seine Zeit erlaubte, tat er es später auch noch, und doch wurde das Kind einmal von einem herumstreunenden Schäferhund angefallen. Das war doch zuviel für Norbert, und als er den wildernden Hund einmal in seinem Revier antraf, erschoss er ihn.

Nun gelangten neue Einflüsse an das Mädchen. Obwohl sie bis dahin kaum Kontakt mit anderen Kindern gehabt hatte, verstand sie sich mit allen Mitschülern sehr gut und nahm bald eine Führungsrolle in der Klasse ein. Bei der ersten Lehrerin, die das Kind die vier Grundschuljahre begleitete, erfuhr es mehr Verständnis als bei der eigenen Mutter.

Fräulein Schöne, wobei der Name sie Lügen strafte, ihr Körper war durch die englische Krankheit arg verformt, war eine hochstudierte Frau und spezialisiert für die Fächer Mathematik, Physik und Chemie an Jungengymnasien, was schon recht außergewöhnlich war. Sie, als überzeugte Sozialdemokratin, wollte sich nicht beugen und als Staatsbeamtin in die NSDAP eintreten, sie zog lieber die Konsequenzen und blieb sich selber treu. Degradiert, durfte sie nur noch sechs- bis zehnjährige Kinder unterrichten.

Religion war Ursels Lieblingsfach, alles, was sie dabei erfährt, teilt sie auch Christof mit, und so kam dieser zu einer frühzeitigen Unterweisung, was auch sein späteres Leben prägen sollte. Mathilde ist eine ausgezeichnete Erzieherin, sie setzt den christlichen Glauben geschickt ein, und die Kinder brauchten kaum Strafen, Schläge kannten sie nicht. Vater und Mutter werden von den Geschwistern wie Heilige verehrt. Nur manchmal beschlich die Älteste Zweifel. Besonders wenn ihr Onkel Hans da war, da wurden Witze über Gott und die Kirche und hässliche Dinge von Juden erzählt.

Es tauchten Schriften und Bildgeschichten im Haus auf, zu denen alle freien Zutritt hatten, doch den Sinn konnte Ursel nicht begreifen.

Adolf Hitler wurde überall hochgelobt, hatte er doch das deutsche Volk von allem Elend befreit, alle Arbeitslosen waren verschwunden, und der Bauernstand blühte auf. Familien mit Kindern konnten sich mit günstigen Krediten Häuser bauen, und Hitler versprach jeder Familie einen Volkwagen, wenn sie nur dafür monatlich eine gewisse Summe einzahlten. Es leuchtete ja auch ein, dass dafür erst ein gutes Autobahnnetz gebaut werden musste und das ging sichtbar voran.

Hinter vorgehaltener Hand erzählte man sich aber auch, dass dieser oder jener im „Konzertlager" gelandet wäre. Ursel fragte ihre Eltern danach, bekam aber im Gegensatz zu allen anderen Fragen nur eine ausweichende Antwort. So glaubte das Mädchen, an diesem Ort muss es sehr schön sein und man lernt ein Musikinstrument. Auch wurde in den Medien immer wieder beteuert, dieses dritte deutsche Reich wird tausend Jahre und länger, ja ewig bestehen und ist so stark mit seiner arischen Rasse, dass ihm nie etwas passieren könne. Darum müssen auch zuerst alle Juden ausgemerzt werden, sie bringen nur Unglück. Auch das verstand das Mädchen nicht richtig, aber wenn es alle sagten, muss es wohl stimmen.

Ursel durfte schon in ihren ersten großen Schulferien zu Mathildes ältesten Bruder und dessen Familie verreisen. Onkel Gerhard war Polizeioffizier und unterrichtete an der Polizeischule in Hildesheim. Es waren wunderbare Wochen, die Ursel mit ihrer jüngeren Kusine, Tante und Onkel verlebte.

Letzterer war ihrem Vater im Wesen sehr ähnlich und verstand sich darum auch mit Norbert sehr gut. Beide hatten sich in ihrer Freizeit der Ahnenforschung verschrieben und freuten sich über alle Urkunden und Dokumente, die sie zusammentragen konnten. Die große Familie war sehr befrie-

digt, keinerlei jüdische Herkunft entdecken zu können und sich mit Fug und Recht als reinarisch zu bezeichnen.
Norbert war nun auch zum Revierförster aufgestiegen, und sein Gehalt hatte sich merklich verbessert. Sonntag für Sonntag kam ein Kollege aus dem Dorf am Nachmittag zu Besuch. Er, seine Frau und der Sohn benutzten die Fahrräder für die sechs kilometerlange Strecke und blieben oft bis nach dem Abendbrot. Wenn dann auch noch Hans und einer der anderen Brüder da war, ging es im Forsthaus recht gesellig zu. Gern wurde ein Scheibenschießen mit Pistolen veranstaltet, wobei Mathilde oft besser als die Männer abschnitt. Mit Erich, dem Hilfsförster aus dem Dorf, verband besonders Mathilde eine politische Gemeinsamkeit. Auch verstand sie es immer wieder, Norbert zu überreden bei schriftlichen Arbeiten, die den Dienst betrafen, ihm zu helfen. Erich war zweimal durch die Försterprüfung gefallen, und er konnte nur seine Stelle behalten, indem er ein willfähiges Werkzeug der Nazis war. Mathilde bedrängte oft ihren Mann, doch auch in die Partei einzutreten, doch da biss sie auf Granit. Sie wusste, dass sie bei Norbert nur durch List zum Ziel kommen würde und erwähnte dieses Thema nicht mehr direkt.
Überall erhoben die Menschen die rechte Hand zum Gruß „Heil Hitler!". Noch wurde bei Tisch das übliche christliche Tischgebet gesprochen. Die Sommerferien rückten wieder heran. Dieses Mal durfte Ursel mit ihrem Bruder die ganze Ferienzeit bei Onkel Walter und Tante Erna verbringen. Der Onkel war Privatförster bei einem Baron auf einem der großen schlesischen Güter. Das Ehepaar hatte keine Kinder und wohnte mit zwei Melkerfamilien in einem so genannten Leutehaus. Auch dort verlebten die Kinder unvergessliche Sommerwochen. Es gab aber auch manche unerklärlichen Sachen. So hob der Onkel nie die Hand zum Gruß. Entweder konnte er den Lenker des Fahrrades nicht loslassen oder er führte den Hund mit der rechten Hand, er war sehr erfinderisch. Auch

sagte er immer „Talita". Erst mussten die Kinder darüber lachen. Bald wollte Ursel den Grund wissen: „Mein Mädel, ich werde nie richtig grüßen, ich mag Hitler nicht." Viel später erfuhr sie, dass der Onkel aus dem Staatsdienst entlassen wurde. Er hatte offen eine politische Missfallensäußerung gemacht. Für eine Einweisung in ein KZ war das Vergehen zu gering gewesen.
Arbeitslose durfte es nicht geben und so wurden ihm einhundert Mark Staatsrente im Monat zugestanden.
Viele Adlige waren mit dem Nationalsozialismus auch nicht zufrieden und so mancher politisch Gestrandeter, doch fachlich guter Mensch, wurde durch die Großgrundbesitzer aufgefangen.
Als die Kinder aus den Ferien kamen, hatte sich viel verändert. Sie wurden nicht wie üblich auf dem Bahnhof mit dem vertrauten Pferd Peter abgeholt, sondern der Vater zeigte stolz auf dem Bahnhofsvorplatz auf einen grauen Opel P4. Christof konnte sich vor Freude kaum fassen. Ursel fragte erstaunt: „Wo ist Peter?"
„Verkauft." Das Gepäck wurde verstaut, die Kinder nahmen hinten und Mathilde auf dem Beifahrersitz Platz. Nachdem auch Norbert eingestiegen war, betätigte er den Anlasser, der Wagen machte zwei Hüpfer und aus war der Motor. Beim zweiten Versuch setzte sich das Auto langsam in Bewegung. Norbert, der eben erst den Führerschein gemacht hatte, drei Stunden genügten dafür, fuhr mit 40 Stundenkilometer nach Hause. Alle meinten, es geht furchtbar schnell.
In der Försterei liefen zwar noch Hühner und Gänse auf dem Hof herum, aber der Kuhstall war sauber und leer genau wie der Schweine- und Schafstall.
Für die Geschwister war es unbegreiflich, doch Mathilde erklärte es ihnen so: „Jetzt wird es uns besser gehen. Für das Vieh haben wir uns ein Auto gekauft, da können wir alle mal in den Urlaub fahren. Und du Ursel, bekommst noch ein Fahrrad, damit du schnell in der Schule bist." Wieso machen die Eltern so etwas, es ging uns doch nicht schlecht, dachte Ursel.

In den Straßen sieht Ursel immer wieder Jungen und Mädchen mit schmucken Uniformen im Gleichschritt marschieren und singen, da möchte sie dabei sein.
Die Eltern meinen: „Das ist Deine Sache." Nun läuft das Mädchen zu einer bekannten BDM Führerin und bittet und bettelt, in den Jungmädchenbund aufgenommen zu werden, aber das geht erst mit zehn Jahren. Ursel ist eine gute Schülerin, ja sogar Klassenbeste. Fräulein Schöne spricht mit ihr, ob sie Lust habe, auf eine höhere Schule zu gehen. Sie sah sich in den Kind noch mal und hoffte, sich in ihr zu verwirklichen. Ursel ist begeistert, doch die Eltern verweigern ihre Zustimmung, es ist eine nutzlose Investition, denn ein Mädchen heiratet sowieso. Etwas Bitterkeit schwank da bei Mathilde mit, auch ihre Vorstellungen waren nicht in Erfüllung gegangen. Für die Tochter war es schon eine herbe Enttäuschung, die sie aber nicht umwarf, und sie hoffte, dass ihr Bruder dann die Schule besuchen durfte, wie die Eltern es sich wünschten.
Der alte Oberförster im Dorf geht in Pension und Mathilde glaubt ganz fest, dass Norbert sein Nachfolger wird. Dienstjahre, fachliche Eignung und so weiter stimmen, und Norbert schreibt seine Bewerbung. Doch für einen Beamten im kommunalen Dienst ist die Zugehörigkeit zur NSDAP ausschlaggebend. Norbert sieht es ganz gelassen. Für Mathilde ist der heimliche Wunsch, Frau Oberförster zu sein, ausgeträumt.
Im Herbst 1937 sitzt die Familie im gemütlichen Wohnzimmer, schon verbreitete der Kachelofen am Abend eine wohltuende Wärme. Norbert sieht schmunzelnd seine Frau an und räuspert sich. So beginnt stets ein wichtiges Gespräch.
„Nun Kinder, wir werden bald eine Vollfamilie sein. Ihr wisst, dazu gehören drei Kinder, und im Januar wird Mutti ein Kind bekommen."
Freudiges Erstaunen bei den Geschwistern und gleich kam die Frage: „Wie wird das Kind heißen?"

Norbert hatte natürlich damit gerechnet und las nun einige Namen, die dafür in Frage kommen könnten, aus dem Ahnenregister vor. Je zwei kamen in die engere Wahl, und Ursel und Christof dürfen das ganz allein bestimmen. Man einigte sich auf Andreas für einen Jungen und für ein Mädchen Eleonore, da hatte Mathildes Vorschlag, Gesine, gar keine Chance.
Eines Morgens im Januar verkündete die Hausgehilfin, ein Bauernmädchen aus dem Dorf, „Eure Mutti ist mit Eurem Vati ins Krankenhaus in die Stadt gefahren, um das kleine Kind abzuholen".
Es war bitter kalt, und Ursel brauchte ab zehn Grad Minus nicht zur Schule gehen. So war es mit der Schulleitung vereinbart. Ein ungeduldiges Warten begann. Christof behauptete, es ist ein Junge, und Ursel meinte, es soll ein Mädchen sein. Gegen Mittag kam Norbert nach Hause.
„Wir haben ein kleine Eleonore."
Ursel sprang vor Freude in der Küche herum, merkte aber schnell, dass ihr Bruder ganz still in einer Ecke stand. Schnell verflog der Freudentaumel, denn jetzt galt es den Enttäuschten zu trösten. Mathilde lag im Diakonissenkrankenhaus, und dort wurde an dem Neugeborenen, bevor es die Heimreise antrat, in der Schwesternkapelle die Taufe vollzogen. Fräulein Schöne stand Pate. Sie hoffte dem Kind eine christliche Stütze zu sein, denn sie wusste, dass der Kirchenaustritt für das Elternpaar beschlossene Sache war und man die Taufe an dem neuen Erdenbürger nur zur Beruhigung der Diakonissen gemacht hatte. Bald wurde auch immer der Begriff „Gottgläubig" benutzt. Jesus wurde nach nationalsozialistischem Verständnis abgelehnt, er war doch Jude.
Fast hätte es in dem Forsthaus eine Brandkatastrophe gegeben. Achtlos hatte Norbert Streichhölzer auf dem Nachttisch liegen lassen.
Christof fühlte sich von der Mutter so verlassen. Sie war doch im Krankenhaus die kleine Schwester holen. Das Hausmäd-

chen, alle Hände voll zu tun, Ursel in der Schule und der Vater im Wald. Christof strich ein, zwei, drei Zündhölzchen an. Auf einmal fing die Gardine Feuer. Die Mutter hatte den Kindern eingeschärft: „Wenn es brennt, gleich Hilfe holen und dabei immer so laut ihr könnt „Feuer" schreien." Das tat Christof. Luise konnte gleich löschen, aber der Mutter wollte man es im Krankenhaus nicht erzählen. Heimlich tat es Norbert doch. Das erste war, als Mathilde nach Hause kam und das Kind ins Körbchen gepackt hatte, dass Christof ihr seine Missetat weinend gestand.

Indessen schlossen sich immer mehr so genannte deutsche Volksgenossen dem Hitlerregime an und vertrauten bedingungslos. Jedes Jahr im Winter kam eine Jugendgespielin von Mathilde vier Wochen ins Forsthaus und besorgte alle Näharbeiten, die im Laufe des Jahres angefallen waren. Aus einer abgelegten Uniformjacke Norberts nähte sie unter anderem eine Joppe für den kleinen Jungen, natürlich mit einer Brusttasche innen, wie gewünscht. Christof zog sie stolz an seinem ersten Schultag an und verstaute wie die Großen seine Papiere in der Brusttasche. Eine Zuckertüte gab es nicht. Am ersten Schultag zeigte man den Kindern einen Märchenfilm sogar in bunt, zwar noch stumm, aber der Schuldirektor ließ sich nicht nehmen, den Kindern den Text selbst vorzulesen. So etwas hatte Christof noch nie gesehen, und als der Direktor fragte, ob es gefallen habe, schrien alle: „Ja!", und er meinte: „So schön wird es jetzt jeden Tag in der Schule sein." Dann kam für Christof die große Enttäuschung. Am nächsten Schultag gab es keinen Film mehr. Wieder zu Hause, sagte der Junge: „In die Schule gehe ich nicht mehr. Man darf doch nicht schwindeln, und gestern hat sogar der Lehrer geschwindelt." Norbert und Mathilde hatten alle Mühe, den Jungen zu beruhigen, doch ein Stachel gegen das Lernen blieb bei dem Kind fast ein Leben lang.

Norbert wurde von Mathilde, Hans und dem Kollegen Ernst mehr und mehr bedrängt, doch Parteimitglied zu werden. Aber er konnte sich wieder davor drücken, er wollte unabhängig leben. Zeitweise war wegen des großen Zulaufes sogar eine Sperre für neue Mitglieder verfügt, was Norbert sehr gelegen kam.
Statt des alten Oberförsters stellte die Stadt einen Akademiker als Forst-meister ein, der eine eigene Villa bewohnte. Dieser flüchtete 1917 aus seinem Geburtsort St. Petersburg in Russland vor den Bolschewiki und war ein so genannter Volksdeutscher, dem alle Wege geöffnet wurden. Das System hatte seine helle Freude an so einem Gefolgsmann. Die Oberförsterei, es war ein ehemaliges großes Herrenhaus im Dorf, wurde renoviert, und die Försterfamilie zog dort ein. Norbert übernahm zusätzlich das Revier vom Hilfsförster Ernst und der bekam aufgrund seiner guten politischen Arbeit eine andere Stelle, nun auch als Revierförster.
Ursula hatte Heimweh nach der Waldeinsamkeit, und manche heimliche Träne ist geflossen. Nach außen zeigte es das Mädchen nicht, hatte doch besonders die Mutter sie gelehrt: „Ein deutsches Mädel weint nicht", und ein gutes deutsches Mädchen wollte doch Ursula sein. Christof nahm das nicht so schwer und freute sich über die wilden Spielgefährten. Endlich konnte Ursel auch dem Jung-Mädchen-Bund beitreten und war ganz stolz auf ihre Uniform. Mathilde bekam nun auch ein junges Mädel zugesprochen, es leistete hier sein Pflichtjahr ab, zu dem, mit wenig Ausnahmen, jede Schulabgängerin verpflichtet war. Es wurde viel verlangt, aber Mathilde war auch gerecht, und da sie ja arbeiten gewöhnt war, schaffte sie immer mit, erwarb sich dadurch Vertrauen, und für die vierzehn- bis fünfzehnjährigen Mädchen war diese Zeit nicht vertan.
Auch Ursula wurde im Haushalt, bei der Gartenarbeit und bei der Beaufsichtigung der kleinen Schwester nicht geschont.

Mathilde und Norbert unternahmen stundenlange Spaziergänge im Wald. Oft kam ein Telefonanruf: „Ursel, wir sind heute nicht zum Abendbrot zu Hause. Koche für Eleonore das Fläschchen, macht Euch Essen und geht schlafen."
Am Morgen waren die Eltern wieder da, und alles ging seinen gewohnten Gang. Ein Fest für Vater und Tochter war es immer, wenn Norbert und Ursel zusammen ins Revier gingen. Für die schneereichen Winter war die ganze Familie mit Skiern ausgerüstet. Die Tochter war Vaters Vertraute. Obwohl sie dazu sehr jung war, bekam sie noch viel naturwissenschaftliche und politische Vorgänge verständlich erklärt. Der drei Jahre jüngere Christof war so ganz anders geraten. Es war der Wildeste der Dorfkinder, und sein Spitzname lautet „Bussard", weil er wie ein Stoßvogel überall dorthin rannte, wo es etwas zu entdecken gab. Vaters ruhige Art war ihm langweilig. Auch schwänzte Christof gern den Schulunterricht, vergnügte sich dann an Bächen und Wiesen der Flussniederungen. Wenn um 12 Uhr die Mittagsglocke läutete, kam er nach Hause, und als Mathilde ihn fragte, welche Hausaufgaben er machen müsste, meinte er: „Nichts aufbekommen".
Beide Kinder fanden bei der Mutter immer Verständnis, wenn sie ihre Dummheiten schon berichteten, ehe Beschwerden von den Leuten kamen. Dann bügelte Mathilde alle Unarten aus, sprach aber auch ein ernstes Wort mit den Sprösslingen, und so bestand dank der angeborenen pädagogischen Fähigkeit der Mutter immer ein vertrauensvolles Verhältnis. Wenn in der Familie auch nicht auf den üblichen Tischspruch verzichtet wurde, hatte er nun nichts mehr mit Gott und Christus zu tun, sondern Sonne und Erde wurden gepriesen.
Ursel hatte bald im Dorf zwei Freundinnen gefunden. Obwohl diese Mädchen auch viele Pflichten im elterlichen Haushalt zu führen hatten, verschafften sich die Kinder immer Zeit zum Spielen, und die zu betreuenden kleinen Geschwister wurden in die Scheune ins Stroh gesetzt, dort konnte ihnen

nichts geschehen, meinten die Mädchen. Oft machten die Kinder des Dorfes weite Spazierfahrten mit den Fahrrädern. Auf den Gepäckträgern oder den Fahrradkinderkörbchen, die am Lenker befestigt wurden, fanden die Kleinen Platz, und so ging es in halsbrecherischer Fahrt über Stock und Stein.

Kriegsjahre

Die Menschen waren zufrieden. Alle hatten Arbeit, Essen, Kleidung und einen kleinen Wohnstand. Der Nationalsozialismus förderte Bauern und Arbeiter und vertrat viele in überzeugender Weise die Meinung, im Osten liegt Deutschlands Zukunft. Das großdeutsche Reich war ja schon im Wachsen, Österreich mühelos einverleibt, und auch das Sudetenland war in einer Blitzaktion ein Teil des Reiches geworden. Wenige Menschen verspürten, wie rasch es auf einen Krieg zusteuerte, und durch die vielen Friedensparolen wähnten sich die meisten sicher und vertrauten vorbehaltlos dem Führer Adolf Hitler. Wenige Familien besaßen ein Radio. Es wurden die so genannten Volksempfänger in zwei Varianten produziert und angeboten. Die wenigen Warner waren schon lange mundtot gemacht worden und hinter Gittern oder Konzentrationslagern verschwunden. Auch Juden gab es kaum noch, und von manchem guten, beliebten Arzt wurde hinter vorgehaltener Hand erzählt, der ist Halbjude oder der hat eine neue deutsche Frau, die erste war doch Jüdin. In der Schule lernten die Kinder Lieder, die sie schon auf einen Eroberungskrieg vorbereitete. Die Melodien hatten Marschrhythmus. Überall klangen diese Lieder, über den Text wurde kaum noch nachgedacht. Auch das Spielzeug der Kinder war in diese Vorbereitung einbezogen. Für die Buben gab es interessantes Kriegsspielzeug, wenn es so richtig knallte und die kleinen Panzer Feuer spien, schlug jedes Jungenherz höher, und man wünschte sich nichts Sehnlicheres, als bald Soldat werden zu können.
Den Mädchen wurden vorwiegend Puppen mit nordisch blonden Haaren oder Babypuppen mit allem Zubehör geboten. Bald sollten die Mädchen als junge deutsche Frauen dem Führer viele Kinder schenken. Man erzählte sich, dass große, blonde deutsche Mädchen auch ohne Ehe Kinder bekämen, um das Großdeutsche Reich zu bevölkern. Die Väter sollten

arische große Männer sein. Dieses Gerücht, oder war es doch Wahrheit, war sogar Mathilde und Norbert zuviel, und sie konnten und wollten es nicht glauben. Im Geheimen waren sie doch recht froh, dass ihre beiden Töchter brünett wie die Mutter waren, und die geforderte Körpergröße würden sie wohl auch nicht erreichen. In der eigenen Familie hatte Mathilde einen ähnlichen Fall. Ihr Cousin war schon seit Anfang an bei der SS, hatte das vorgeschriebene Längenmaß und eine glänzende Karriere als Offizier winkte ihm. Nur seine Braut war zu klein, und ihm wurde auch nach vielen Bittgesuchen die Heirat verweigert. Der junge Mann zog die Konsequenzen, quittierte seinen Dienst, heiratete seine kleine Braut und ging zurück in seinen erlernten Beruf als Lehrer. Das war sehr mutig. Sogar Mathilde wurde manchmal nachdenklich.
Es hatte den Anschein, dass sich Stalin und Hitler gut verstanden, und dabei wurde nicht nur die eigene Bevölkerung, sondern die ganze Welt getäuscht.

Die Furcht vor einem unvermeidlichen Krieg nahm zu. Zeitungen und Rundfunk voll von gräulichen Taten an Deutschen in Polen. „Das können und werden wir uns nicht gefallen lassen. Wir warnen die polnische Regierung!", brüllte Propagandaminister Göbels in die Mikrofone, und die Massen klatschten Beifall. Norbert ließ im engsten Kreise abfällige Bemerkungen fallen. Die Medien heizen die Massen weiter an.
Auch die beschauliche Ruhe in der Försterei war nicht mehr wie einst. Verwandtenbesuche blieben bis auf wenige Ausnahmen aus. In Mathildes Augen taugten ihre Schwägerinnen alle nicht viel, und sie meinte, ihre Brüder wären viel zu schade für sie. Schwesterliche Eifersucht und Neid gaben den Ausschlag dafür. Zwei Brüder hatten in Abendschulen das Abitur nachgeholt und taten als Polizeioffiziere in Ostpreußen und Oberschlesien ihren Dienst. Beide lebten dicht an den vermeintlichen Krisenherden, hatten aber von Übergriffen nichts gehört.

Zwei alte vornehme Tanten kreuzten jedes Jahr für ein bis zwei Wochen auf. Sie meinten, sie wären sehr wohlhabend, und Norbert sei ihr alleiniger Erbe. Auch war da noch der Onkel Oskar, ein ebenfalls unverheirateter Bruder der alten Damen. Er war schon vor dem ersten Weltkrieg nach Amerika ausgewandert und hatte bei der amerikanischen Marine gedient. Von der bekam er jetzt eine bescheidene Pension, mit der er in Deutschland besser leben konnte als in seinem Land. Auch im dritten Reich genoss er alle Vorzüge eines Amerikaners, brachte er doch Dollars in Land. Eine Klausel war aber dabei. Nur fünf Jahre war der Aufenthalt in Deutschland gestattet, sonst wäre Oskar seine amerikanische Staatsbürgerschaft erloschen. Ein Jahr Aufenthalt im Stammland musste folgen, um das Spiel von neuem zu beginnen. Oskar war ein beliebter, gemütlicher Herr, der sich wenig um Politik kümmerte. All die Anzeichen eines Krieges ignorierte er. Seine Zeit in Deutschland war ohnehin bald abgelaufen.
Ein großes Lesebedürfnis prägte die Familie. Klassiker und mancher guter Kriminalroman luden immer zum Lesen ein. Im Abonnement erschienen eine Tageszeitung, eine monatliche Frauenzeitschrift. Ursel durfte die Kinderzeitung „Die Jugendburg" lesen, und nach langem Drängen von Mathilde las man auch „Der völkische Beobachter". Die schlimmste Zeitung, „Der Stürmer", hatte keinen Eingang zu der Familie, da blieb Norbert ganz hart.
Mit Sorgen betrachteten die Forstarbeiter und die Frauen, die im Sommer die Aufforstungsarbeiten im Wald machten, ihren Chef. Auch Ursel konnte sich nicht erklären, warum der Vater so anders geworden war. Mit versteinertem Gesicht und in sich gekehrt, so kannte ihn keiner. Nur Mathilde kannte den Grund, denn sie selbst hatte den Anlass dazu gegeben. Es war die erste große Krise in dieser harmonischen Ehe, als Norbert erfuhr, dass er ohne sein Wissen schon über ein Jahr der NSDAP angehörte. Mathilde wusste, dass sie Norbert auf

freiwilligem Wege nie dazu bewegen konnte, sie hoffte immer noch, „Frau Oberförster" oder sogar noch eine Stufe höher „Frau Forstamtmann" zu werden. Norberts älterer Bruder war diesen Weg gegangen, und so geriet Norbert in das Netz der Partei. Wenn auch Mathilde eine gute Schauspielerin war, Norbert noch mehr umsorgte wie bisher, ihn auf seinen Waldläufen begleitete und alles unternahm, seine große Enttäuschung zu mildern, so spürten besonders die zwei ältesten Kinder, dass etwas Schlimmes passiert sein musste. Trotz allem Verzeihen konnte Norbert den Vertrauensbruch seiner Frau, den sie im Verein mit seinem Kollegen Ernst begangen hatte, nie ganz überwinden.

Die deutschen Truppen überschritten am 1. September 1939 die polnische Grenze und leiteten so den zweiten Weltkrieg ein. Um zehn Uhr überträgt der Rundfunk eine Rede unseres Führers Adolf Hitler.
Es gab erst drei oder vier Haushalte im Ort, die ein Radio besaßen, und so kamen auch einige Männer in die Försterei, um den Führer sprechen zu hören.
Alle wehrfähigen Männer wurden von ihm aufgerufen, sich bereit zu halten und auf weitere Befehle zu achten. Überall eisiges Schweigen, und von dem Jubel, den das deutsche Volk erfasst haben sollte, war in dem kleinen Heidedorf nichts zu spüren. Die Dorfkinder tummelten sich auf dem großen Gehöft der Försterei und spielten mit Christof wilde Spiele, besonders auch in dem riesigen Keller, denn in dem Gewölbe halten ihre Schreie so schön schaurig. Ursula, die ihre kleine Schwester betreute und gleichzeitig das Mittagessen kochte, glaubte, die ausgelassene Schar in ihre Schranken weisen zu müssen. Um den Buben einen Schrecken einzujagen, nahm sie ein großes Stück Holz und schleuderte es mit Schwung die Kellertreppe hinab. Ein Schrei, – dann eine beängstigende Stille.
Ursula lief gleich nachsehen.

Da kauerte ein Spielgefährte, und durch die Finger, die er vor seinem Gesicht hielt, flossen nicht Tränen, sondern Blut. Geistesgegenwärtig lief Ursel ins Wohnzimmer und holte die Mutter. Mathilde verband die Platzwunde und wusch das Blut ab. Norbert hatte inzwischen das Auto aus dem Schuppen geholt, und dann ging es in schneller Fahrt, mit dem ersten Kriegsverwundeten des Dorfes, in die Stadt. Im Krankenhaus wurde die Wunde mit ein paar Stichen genäht, und mit einem dicken Kopfverband konnte der Junge nach Hause. An die Führerrede dachte keiner mehr. Bald danach kam Mathildes jüngster Bruder aus Gleiwitz zu Besuch. Er wohnte zwar gleich neben dem Rundfunksender, aber von einem polnischen Überfall, der ja den Krieg gegen Polen ausgelöst haben soll, hatte er nichts gemerkt. Es gab schon eigenartige Sachen.
Mathilde trug so eine Siegeszuversicht zur Schau, dass sogar Norbert, wenn auch mit Vorbehalt, anfing, daran zu glauben. Ursula war ein Kind ihrer Zeit und von ihr geprägt. Sie wurde nun auch wieder öfter von ihrem Vater in den Wald genommen und ihr klangen Norberts Worte im Ohr: „Weißt Du Mädel, wenn Hitler und Stalin zusammenarbeiten würden, könnten sie die ganze Welt erobern", und etwas ironisch fügte er hinzu: „Sie sind sich so gleich."

Waren die Kinder in der Waldeinsamkeit, bis auf die Masern, von allen Kinderkrankheiten verschont geblieben, änderte sich das im Dorf gewaltig. Eine gute verständnisvolle Kinderärztin betreute Kinder und Eltern gleichermaßen. Und doch zerrte es an Mathildes Nerven, wenn immer wieder der Desinfektor im Haus war. Scharlach, Diphtherie und die sonstigen Ansteckungen befielen die Kinder, sogar das Lehrmädchen wurde nicht immer verschont.

So schnell wie er gekommen war, endete auch der so genannte Polenfeldzug.

Hitler hatte dem deutschen Volk insbesondere und der ganzen Welt gezeigt, wie seine Truppen erfolgreich siegten. Den ersten Schwer-kriegsverletzten hatte es in der Gemeinde gegeben, er zählte zu den Berufssoldaten. Wenige Einberufungsbefehle waren bis jetzt erteilt worden, und alle glaubten sich in Sicherheit. Es wurde gearbeitet, geliebt, getrauert und gefeiert, und die politischen Zusammenhänge drangen kaum zu den Massen der Bevölkerung.

Rundfunk und Zeitung brachten nur positive Meldungen. Die Franzosen und Engländer erklärten Deutschland den Krieg, und der unüberwindliche Westwall brauchte kaum in Anspruch genommen werden. Gegen England ist ein erbitterter Seekrieg entbrannt und alle staunten, wie auch dieser von der deutschen Marine gemeistert wird. Mit Italien hatte man ein Freundschafts- und Beistandspakt geschlossen. Sein Führer, Mussolini, war ein persönlicher Freund Hitlers. Alle Zeichen standen unter einem Glücksstern und beeinflussten natürlich auch die Menschen positiv. Und immer mehr Volksgenossen glaubten allen Ernstes, dass es ihnen nach dem Ausrottungsfeldzug gegen das Judentum viel besser gehen würde. Auch Norbert schwankte nur noch selten an seiner neuen Überzeugung. Er vertrat den Grundsatz : „Wessen Brot ich ess, dessen Lied ich sing." Er legte sich auch notgedrungen eine braune Parteiuniform zu, die er aber nur, wenn es unumgänglich war, trug.
Er kam sich doch nach wie vor albern darin vor. Von Propagandareden hielt er nichts und musste sie doch jetzt vor gefüllten Sälen halten. Zu Hause stellte er sich mit einer Leichenbittermiene vor den Spiegel und übte seine Reden. Mathilde versuchte, seine Mimik und Gestik zu korrigieren, und Christof und Ursel fanden es so komisch, dass sie lachen mussten. Schöne ins Ohr gehende Hymnen erklangen bei den Sonder- und Erfolgsmeldungen im Radio, und jedes Kind

schmetterte sie, wo immer es war. Unter den Stiefeln der deutschen Soldaten musste alles weichen, was nicht mit ihnen war. Die Siegesbegeisterung, besonders unter der Jugend, steigerte sich von Monat zu Monat, und die jungen Männer drängten in die Armee, um ihren Beitrag zum Endsieg zu leisten und einmal in die Geschichte des tausendjährigen großdeutschen Reiches einzugehen. Auch die jungen Mädchen meldeten sich immer zahlreicher in die für Frauen zugelassenen Einheiten. Außer dem Sanitätsdienst auch als Wehrmachtshelferin oder Flakhelferin.

Mathilde hatte inzwischen ihren Haushalt als Lehrhaushalt für junge Mädchen umfunktioniert. Ihr, als Mitglied der NS Frauenschaft, war das auch unbesehen zugesprochen worden. Ursel und Christof brauchten nur wenige hundert Meter in die zweiklassige Dorfschule.
Es war ein schönes modernes Gebäude, welches als schlesische Musterschule vor noch nicht ganz zehn Jahren erbaut wurde. Neben den zwei hellen Klassenräumen mit modernen Zweisitzer-Bänken und dem Garderobenzimmer befanden sich im Dachgeschoss der Lehrmittelraum und die Schülerbibliothek mit etwa zweihundert Büchern.
Im Keller war eine moderne Lehrküche und dahinter Duschen für die Schüler untergebracht. Die Zentralheizung und eine eigene Wasserleitung, im Dorf gab es nur Brunnen mit Pumpen, vervollständigte den Schulbau. Zu ihm gehörten noch die zwei Lehrerwohnungen, die ganz am Anfang des Hauses lagen. Die vier unteren Schuljahre wurden von dem Unterstufenlehrer unterrichtet. Die restlichen Klassen versah der Schulleiter. Ursel hatte durch die bisherige größere Schule einen höheren Wissensstand als die Kinder in dem kleinen Dorf, dem in den drei Kriegsjahren nur noch wenig hinzugefügt wurde. Christof bewahrte sich auch hier seine Antipathie zur Schule.

Manchen Tag, wenn das Wetter schön war, schwänzte er einfach den Unterricht, vergnügte sich an den Bächen der weiten Niederungen. Wenn vom Glockenturm das Geläute zum Mittag erklang, kam er nach Hause, warf seinen Lederranzen in die Ecke und sagte: „Ich habe keine Schulaufgaben aufbekommen."

Mathilde und Norbert waren sehr besorgt, wie sollte der Junge wohl mal die Aufnahmeprüfungen an einer höheren Schule bestehen. Die Mutter hatte es sich nicht nehmen lassen, ihre große Tochter und deren zwei Freundinnen in einem günstigen Augenblick aufzuklären. Sie wollte es den Mädchen ersparen, so unwissend, wie sie selbst es in ihrer Jugend war, aufzuwachsen. Überhaupt herrschte in der Familie eine saubere, ehrliche Atmosphäre, und die Mädchen konnten sich mit allen Fragen des Intimlebens vertrauensvoll an Mathilde wenden und bekamen eine gute Antwort.
Nun wusste Ursel auch, wie es um die Mutter stand, als 1940 noch ein Sohn geboren wurde. Schnell hatte man sich auf den Namen Friedrich geeinigt, und Ursel wurde die eigentliche Bezugsperson des kleinen Bruders.
Endlich konnte Mathilde einmal ihre ganzen Schätze präsentieren.
Die nationalsozialistische Namensgebung des kleinen Friedrich sollte ein Fest werden, an welches sich alle lange erinnern sollten. Also wurden außer den Verwandten, die sich fast alle entschuldigten, Parteigrößen der Umgebung geladen.
Da war der Kreisleiter und seine Gattin und der Festredner mit seiner jungen Frau. Letzterer war wehruntauglich, aber als Kreispropagandaleiter ein begehrter Parteigenosse. Aber auch vor dem so genannten einfachen Volk machten Mathilde und Norbert nicht halt. Und so erschien der Ortsgruppenleiter, aber ohne Frau, sie hatte daheim das Kolonialwarengeschäft zu führen und die vier Kinder zu versorgen, meinte er. Geladen waren auch der Zellenleiter des Dorfes, der Orts-

bauernführer und der Steuerheber sowie der Bürgermeister und der Schulleiter mit ihren Ehefrauen.
Eine festlich gedeckte Tafel ließ all das so lange in den schweren Eichenschränken verborgene Porzellan und Tafelsilber, die geschliffenen Gläser und Leuchter auf den schneeweißen Damasttafeltüchern sehr gut zur Geltung kommen. Außerdem brachte so ein Fest Pluspunkte für den Lehrhaushalt.
Ursel, Christof und Dora, dem Lehrling, wurde eingeschärft, nur nicht zu lachen, wenn sich Leute mit den Tischsitten nicht auskannten. Einmal verließen die drei das Zimmer, denn sie konnten das Lachen nicht mehr unterdrücken. Das Fest dauerte bis spät in die Nacht und sollte Mathildes einziger großer Auftritt im Leben sein.

Der zweite Weltkrieg nahm ungeahnte Ausmaße an. Alle wehrfähigen Männer waren, bis auf wenige Ausnahmen, bei den Soldaten. Es gab weiter nur Siegesmeldungen. Nach und nach war fast ganz Europa von Deutschen besetzt. Hitler hatte sogar schon ein Armeekorps nach Nordafrika gesandt, um den inzwischen auch in die Kämpfe eingegriffenen Italienern zu helfen.
Wenn die Männer auf Heimaturlaub kamen, brachten sie ihren Frauen schöne Geschenke, vorzugsweise aus den westlichen Ländern mit und ließen dafür häufig eine geschwängerte Ehefrau zurück.

Bis dahin erreichten noch wenige Gefallenenmeldungen die kleine Gemeinde, und eine Verwundung, der so genannte „Heimatschuss", wurde schon mal in Kauf genommen.
Bedeutete er doch einige Wochen ausruhen, dann noch einen Genesungsurlaub in der Heimat. Ganz Schlaue konnten es so einrichten, dass sie zur Erntezeit daheim ihren Angehörigen helfen konnten. Die Frauen und die Alten hatten alle Last der Arbeit in der Landwirtschaft und der Rüstungsfabriken zu tragen. Doch es gab ja auch Kriegsgefangene und Ostarbei-

ter, Frauen und Männer, die zur Zwangsarbeit nach Deutschland verschleppt worden waren.
Aber auch Freiwillige, vorwiegend aus Polen und der Ukraine, arbeiteten im Land. Noch war das Kriegsgeschehen weit entfernt, und wenn nicht die Sorge um die Ehemänner und Söhne gedrückt hätte, würde man von einem guten Leben in Deutschland sprechen können.
Bei den Sondermeldungen, die im Rundfunk mehrere Male am Tage verkündet wurden, war nur von Siegen, Eroberungen und Vernichtung der Feinde zu hören. Es war schon erstaunlich, wie das Volk des Großdeutschen Reiches manipuliert wurde.
Auch die Wunschkonzerte im Radio fanden bei Jung und Alt Begeisterung. Dann gab es ja die verbündeten Länder, Italien, Japan und Deutschland als Achse. Die Balkanländer sympathisieren mit den als Freunde und Beschützer auftretenden deutschen Besatzern. Von einem Widerstand erfährt kaum jemand im Reich.
Mathilde ist überzeugt von dem großartigen Endsieg. Das derzeitige Lehrmädchen ist aktive Katholikin und wird besonders hart angefasst, und diskriminierende Bemerkungen sind keine Seltenheit. Sie war wohl im BDM, besuchte aber jeden Sonntag den Gottesdienst in der Stadt. Wenn sie jedes zweite Wochenende kein Frei hatte, fuhr sie mit dem Fahrrad schon gegen 4.30 Uhr in die Stadt, um an der ersten Messe um fünf Uhr teilzunehmen, um zum Frühstückzubereiten wieder im Haushalt zu sein.
Inzwischen war auch der junge Lehrer eingezogen, und der Unterricht konnte nur noch sehr eingeschränkt erteilt werden. Den Dorfkindern und deren Eltern war das nur recht, denn selbst die kindliche Arbeitskraft wurde dringender als bisher benötigt.
Mittwochnachmittag war für die Jungen und Mädchen Hitler-Jugend-Dienst, da fehlte selten einer. Ursula leitete die Jung-Mädchen als Scharführerin.

Sie bekam als Anleitung Schriftmaterial dazu. Am eigentlichen Unterricht nahm sie nun nur noch selten teil. Täglich wurde sie schon in der ersten und zweiten oder in der dritten und vierten Klasse eingesetzt. Der Schulleiter gab ihr Anweisung, und ihr machte es Freude, den Kleinen etwas beizubringen. Ursel betreute auch die Schülerbibliothek. Zu jeder Pause spielten die Kinder Völkerball, es war derzeit das beliebteste Spiel. Immer Jungen gegen Mädchen, und von beiden Seiten wurde es mit einer verbissenen Härte geführt. Es störte die Kinder gar nicht, dass das Spiel in der Kürze der Zeit nie zu einem Ende kam.
Nachmittags kümmerte sich Ursel um die beiden kleinen Geschwister, auch viele andere Mädchen hatten diese Aufgabe. Christof kam oft zerschunden und blutend nach Hause, dem Spitznamen „Bussard" machte er weiter alle Ehre.
Ursel hatte in der Schule einen Rot-Kreuz-Luftschutzlehrgang mitgemacht und wendete ihr Wissen an dem Bruder, aber auch an anderen Dorfkindern an. Zeit zum Spielen war aber immer noch. So fütterten die kleinen Freunde aus vier Familien zwei Kaninchen, und dann machten sie im Herbst ein Kinderfest mit Kaninchenbraten, Klößen und Rotkohl in der Försterei, wobei ihnen Mathilde mit Rat und Tat beistand.
Weiter durften Christof und Ursel im Sommer in den Urlaub fahren. Norbert und Mathilde machten sich Gedanken, wie sie Christofs Entwicklung steuern konnten, denn das Ende des vierten Schuljahres kam heran, und so musste ein Gymnasium für ihn gefunden werden. Norbert war neben seinem großen Waldrevier, das bisher von drei Förstern betreut worden war, auch noch als Vertreter des Forstmeisters eingesetzt. Das Büro war im Rathaus der Stadt, und der Opel, liebevoll „unser Grauchen" genannt, tat treu seine Dienste und war genau wie sein Herr vom Waffendienst befreit. Als der Förster mal nervlich am Boden und es gerade Spätherbst war, packte er einen Spaten und seinen Dackel in den Rucksack, schul-

terte das Jagdgewehr und ging mit Mathilde zu den Dachsbauten, die einige Kilometer entfernt im Wald lagen. Dort versuchte er mit Hilfe seiner Frau und dem Hund, einen schönen, fetten Dachs aus seinem Bau zu locken. Manchmal hatte sich das Tier schon zum Winterschlaf begeben, und dann musste es aus der Röhre heraus gegraben werden. Das Fell brachte zwar nicht viel, aber einige Kilo Fett, welches sich das Tier angefressen hatte, waren wertvoll.
Früher wurde es in die Stiefel einmassiert, es machte sie wasserdicht.
Nun wurde es aber auch für den menschlichen Genuss verwendet, und darin gebackene Pfannkuchen waren wunderbar. Seit einiger Zeit gab es die Lebensmittel und Textilien auf Zuteilung. Keiner braucht hungern oder frieren, sobald es die deutschen Volksgenossen betraf, doch gewisse Einschränkungen waren schon zu spüren. Eleonore ging nun schon in den Kindergarten, ebenso Friedrich, der drei Jahre alt war. Der Kindergarten lag ideal in Heide und Sand, und jeden Morgen holten die NSV Kindergärtnerinnen mit einem Handwagen, in dem die Jüngsten Platz nahmen, alle Kinder ab.
Die Großen zogen und stießen das Gefährt, um in einer halben Stunde in ihrem Domizil zu sein. Die Erzieherin kochte auch täglich ein Mittagessen für alle. Eleonore erzählte eines Tages voller Stolz: „Der Wolfgang, mein Freund, hat seinem Vater eine Zigarette geklaut und auch Streichhölzer, und dann haben wir im Sandkasten geraucht. Friedrich durfte noch nicht, der ist noch zu klein." „Und wo war das Fräulein?" „Na, die musste doch das Essen kochen." Mathilde machte kein Drama daraus, bat nur die Kindergärtnerin, die Taschen mal öfter zu kontrollieren.
Die Mütter und Großmütter konnten weiter ihrer vielen Arbeit nachgehen. Im Winter wurde der Kindergarten nur wenig besucht, und zwei angemietete Zimmer im Dorf reichten aus. In der Parteizeitung fand sich eine Anzeige, die Knaben ab zehn Jahren eine Internatsschule bot. Norbert dachte mit Grausen

an seine eigene Kindheit fern von daheim, ließ sich aber von Mathilde überzeugen: „Ein Internat ist doch keine Privatunterkunft wie bei dir. Dort werden die Jungen von geschultem Personal umsorgt." Und man beschloss, sich dort zu bewerben.
Der Krieg nahm immer größere Ausmaße an, doch die Siegesmeldungen erfüllte alle weiter mit Zuversicht. Die Luftangriffe der Alliierten auf deutsche Städte nahmen an Heftigkeit zu. Noch konnte sich die deutsche Luftabwehr rühmen, durch die Fliegerabwehr am Boden und in Luftkämpfen zahlreiche feindliche Bomber unschädlich gemacht zu haben.
Schlesien galt als der Luftschutzkeller des Reiches. Ausgebombte, Kinderreiche und alte Menschen bekamen hier eine Unterkunft. Auch die Försterei hatte soviel teils ungenutzten Wohnraum, und so nahm man gern in einige Zimmer einen alten gemütlichen Rheinländer und eine junge Frau mit zwei kleinen Kindern auf.
An einem herrlichen Pfingstfeiertag erfüllte die Luft ein monotones Summen. Alle Dorfbewohner liefen auf die Straße und starten in den blauen Himmel. Da zogen sehr hoch und für das Auge ganz klein, Staffel um Staffel silbrige Vögel in Richtung Osten. Waren es Freunde oder Feinde? Selbst Norbert konnte es mit seinem Fernglas nicht feststellen. Später meldete der Rundfunk, dass das oberschlesische Industriegebiet einen schweren feindlichen Angriff erlitten habe. Die Erwachsenen hörten diese Meldung voll Sorgen.

Ursel nahm jährlich an dem Sportfest der Hitlerjugend in der Stadt teil.
Es hatte, bis auf die Massendarbietungen, mehr Zuschauer, und sie erfreute sich an den sportlichen Leistungen. Sie wusste, sie könnte das nie erreichen. Ihre Qualitäten lagen auf anderen Gebieten. Gern wäre sie Lehrerin geworden, und von Seiten der Schule stand einer Empfehlung an eine Lehrerbildungsanstalt nichts im Wege. Doch Norbert, als Erziehungs-

berechtiger, lehnte dieses Ansinnen ab. Es gab aber auch viele Ungerechtigkeiten in der kleinen Dorfschule, die Ursula abstießen. Der Lehrer lebte sein Alleinherrschertum so richtig aus, liebte die Mädchen und fasste die Jungen ungerecht hart an. Fast jeden Morgen rief er einen Buben aus der Bank und bog dabei genüsslich seinen Rohrstock. Dann sagte er: „Beuge Dein Haupt nach dem Osten, tiefer!" Nun sausten vier oder fünf Schläge auf das Hinterteil des Kindes. „So, das ist dafür, weil sich Dein Vater nur in der Etappe in Norwegen herumdrückt, statt an der Front die Feinde des deutschen Volkes zu erledigen." Ursel wollte dem Schüler helfen und riet ihm, ein Heft in den Hosenboden zu schieben, doch das bemerkte der Peiniger, und nun trug der Junge nur noch Lederhosen. Die Schläge trafen nicht mehr so hart, um so größer war das Getöse. Die Väter der misshandelten Schüler schworen Rache nach dem Endsieg. Ursel war körperlich noch ganz Kind, und daher, obwohl sie alle Privilegien als Klassenerste in Anspruch nehmen konnte, für den lüsternen, älteren Lehrer noch uninteressant. Doch eines Tages wurde auch sie im Unterricht aufgerufen und vor allen Kindern gefragt: „Hast Du von mir schon einmal eine Ohrfeige bekommen?" Ein erstauntes „Nein" war die Antwort. „Na, dann wird es aber Zeit, dass ich das nachhole, ehe du Deine Tage kriegst." Die Mitschüler hatten den Sinn gar nicht begriffen, aber Ursel erzählte unter Tränen diesen Vorfall den Eltern und weigerte sich, weiter in diese Schule zu gehen. Mathilde redete mit Engelszungen doch das letzte halbe Schuljahr noch mit Anstand hinter sich zu bringen. Bei einer wohl berechtigten Anzeige gäbe es keinen Lehrer mehr im Dorf. Da griff Norbert zum Telefon und vereinbarte mit dem Missetäter eine Unterredung. Diese fand für Norbert in erster Linie als Vater statt, aber er gebrauchte auch das erste und einzige Mal die Macht in seiner Parteistellung, und man war doch verwundert, dass auch die sinnlosen Prügeleien unterblieben.

Die Aufnahme in die Heimoberschule, in Niedersachsen, war für Christof perfekt gemacht, und nach Ostern 1942 verließ er das Elternhaus.
Die Kinder wurden von einem Heimerzieher in schwarzer Uniform, der einen freundlichen Eindruck machte, abgeholt. Mathilde hatte ihren Sohn voradressierte, freigemachte Postkarten in reichlicher Menge mitgegeben, doch nur zwei Nachrichten kamen bis zu den großen Ferien. Aber was wollte ein Zehnjähriger schon schreiben, beruhigten sich die Eltern. Voller Sorge war die Familie aber doch. Sie verfolgten nun regelmäßig die Flugwarnungen im Rundfunk, denn immer häufiger wurden auch Bombenabwürfe in dem Gebiet, in dem sich Christof aufhielt.
Ursel fieberte dem letzten Schultag entgegen und dann nur fort von zu Hause.
Sie wollte eine landwirtschaftliche Lehre beginnen. Ihr blieben ja noch vier Jahre zu überbrücken, ehe sie in einer Krankenschwesterschule angenommen werden konnte. Verwandte und Bekannte fanden es schon etwas befremdend, dass eine Beamtentochter im Viehstall und auf dem Acker so schwere Arbeit tun wollte. Doch diesmal erhielt Ursel die volle Unterstützung ihrer Eltern. Das Mädchen meldete sich für ein Jahr in ein Landdienstlager der HJ, was für ihre Lehrzeit angerechnet wurde. Norbert und Mathilde erfüllten zwar ihre täglichen Pflichten gewissenhaft, doch auch ihnen standen die vielfältigen Sorgen ins Gesicht geschrieben. Indes Mathilde noch unerschütterlich an den Endsieg glaubte, fürchtete Norbert ein schreckliches Ende, wobei er aber versuchte, nach außen zuversichtlich zu wirken, eine andere Meinung konnte tödlich sein. Er musste auch oft in der Eigenschaft als Ortsgruppenleiter den Angehörigen die Gefallenenmeldungen überbringen. Mathilde tat alles, um ihren Mann zu helfen, doch sein nervöses Magenleiden konnte sie ihm nicht beheben. Norbert, der schon immer ein drahtiger kleiner Mann

war, wog kaum noch 50 Kilo. Das Forsthaus blieb weiter Anlaufpunkt für alle Ratsuchenden, seien es deutsche Menschen aus dem Dorf oder so genannte Ortsarbeiter.

Norbert versuchte, mit Mathildes Unterstützung aufgrund seiner beruflichen und politischen Stellung zu helfen, wo es nur ging. Das Ehepaar vertrat den Standpunkt, alle sind Menschen. Norbert war mit seiner Einstellung bei der Kreisleitung nicht beliebt, nur unter Vieraugengesprächen wurde ihm Verständnis entgegengebracht, aber in der Masse wollte keiner gegen den Strom schwimmen. Tief im Herzen hatten sich die Eheleute einen Funken ihres Gottesglauben erhalten.
Ihr Handeln zeugte unbewusst davon und prägte auch ihre Kinder.
Schon die Sommerferien konnte Christof zu Hause verbringen. Die kurze Zeit in der Heimschule hatte aus dem fröhlichen, unbeschwerten Kind ein ganz verstörtes anderes werden lassen. Mathilde bedrängte ihn liebevoll, zu erzählen, was er erlebt habe, doch der Junge schwieg beharrlich. Hofften die Eltern, für zwei Monate die Sorgen über Leib und Leben ihres Sohnes vergessen zu können, bedrückte sie doch dessen verändertes Wesen.
Zu Weihnachten durften die Kinder wieder nach Hause. Wenige Tage zuvor hatte Christof seinen elften Geburtstag. Noch konnte er auch die Geheimnisse, die allen Schülern in einem Schwur abgenommen worden waren, für sich behalten. Als dann am zweiten Feiertag die kleinen Geschwister sich mit Ursel auf der vereisten Rodelbahn vergnügten, Norbert erschöpft seinen tiefen Mittagsschlaf hielt und das Lehrmädchen auch nach Haus gefahren war, brach Christof in ein heftiges Schluchzen aus. Mathilde nahm ihn ganz fest in die Arme, sie wusste, dass er jetzt reden würde.
Die Heimschule war in einer alten Burg untergebracht. Der Tagesablauf war hart, was Mathilde für gar nicht so schädlich empfand. Besonders die jüngeren Schüler hatten sehr Heim-

weh, was sie aber nur abends unter der Bettdecke ausleben durften, um von den Erziehern nicht als Memme bezeichnet zu werden. Alle Erwachsenen trugen SS Uniformen. Im Magazin wurden den Buben die schon in Kleinformat geschneiderten Uniformen gezeigt. Sie würden sie voll Stolz nach dem Sieg, als Elite aller deutschen Kinder, tragen dürfen. Auf dem Dach des Aussichtsturmes waren Flackgeschütze installiert. Fast jede Nacht gab es Fliegeralarm, und statt die Kinder in den Luftschutzkeller zu bringen, mussten sie vom Keller bis auf den Turm eine Kette bilden, um die Munition nach oben zu reichen.
Den Eltern wurde vieles klar, und man beschloss zusammen mit Christof und der verständnisvollen Kinderärztin, ihn auf ärztliches Attest zu Hause zu lassen.

In den Kiefernwäldern waren die Mädchen und Jungen zu Hause. Sie kannten die ertragreichsten Stellen und sammelten in kürzester Zeit einen Waschkorb voll herrlicher, gelber Pfifferlinge. Die Mütter und Großmütter verstanden sie in vielen Varianten zuzubereiten. Aber auch für das große Lazarett wurden die Pilze gesammelt und von Norbert, mit einer Abordnung der Jungmädchen, mit in die Stadt genommen. In den Zimmern der aufs Bett angewiesenen Soldaten gaben die Mädchen noch einige Volkslieder zum besten und wurden mit reichlich Applaus belohnt. Die Kinder fühlten sich bestätigt, auch etwas für den Sieg des dritten Reiches zu tun. Norbert und Mathilde hatten inzwischen mit dem Gymnasium in der Stadt Kontakt aufgenommen. Der Direktor verstand ihre Situation gut. Christof fuhr nun täglich in die Stadtschule, und Ursel ging das letzte viertel Jahr zur Volksschule. Norbert konnte seinen Sohn, wenn er früh aufs Forstamt fuhr, mitnehmen. Am Nachmittag kam Christof mit dem Postauto nach Hause. Mathilde hatte ein neues geistiges Betätigungsfeld, welches ihr in den Jahren der Ehe sehr gefehlt hatte. Sie

half Christof bei den Hausaufgaben und bei der Aufarbeitung des Lehrstoffes, der ihr aufgrund ihrer eigenen Schulbildung nicht fremd war.
Der kleine Friedrich war Ursel ans Herz gewachsen, und am Nachmittag wurden er und Eleonore von ihr betreut. Für den kleinen Bruder tat Ursel alles, er war aber auch ein lustiges Kerlchen. Um ihn nicht immer tragen zu müssen, hatte sie mühsam Geld gespart, indem sie Wohlfahrtsmarken verkaufte. Sie nutzte das Privileg, das sie durch ihren Vater genoss, ihr wurde nichts abgeschlagen. In den zehn Tagen Kartoffelferien erlaubten ihr die Eltern, zu den Bauern auf den Acker zu gehen, um die ausgeschleuderten Kartoffeln aufzulesen.
Die Kinder mussten genauso viel leisten wie die Erwachsenen. Doch sie empfanden es nicht als Last, gab es doch eine gute Verpflegung und fünfzig Reichspfennige täglich. Auch jede Beerdigung brachte fünfundzwanzig Pfennige beim Begräbnissingen ein. Bald konnte Friedrich im Sportwagen gefahren werden. Ursel hatte ihn gekauft. Für lange Touren benutzten die Eltern das Auto.

Ein Ereignis brachte Norbert in große Bedrängnis. Nur die Proklamation des „Totalen Krieges" bewahrte ihn vor einer Verurteilung.
Das Parteiverfahren war zwar in Gang gesetzt, eine Verurteilung sollte aber erst nach dem Sieg erfolgen. Vorläufig wurde der Forstmann noch dringend gebraucht. Im Dorf gab es eine streng gläubige Familie, die einer religiösen Sekte angehörten. Diese Gemeinschaft war in Deutschland verboten und die Ausübung unter Strafe gestellt.
Die sieben Kinder waren bescheiden und folgsam, gehörten zwar der Hitlerjugend an, kamen aber zu keiner der Zusammenkünfte. Der älteste Sohn bekam die Einberufung. Hätte er den Kriegsdienst verweigert, wäre er hingerichtet worden. Also fügte er sich.

Kaum ein Jahr später musste Norbert, in der Eigenschaft des Ortsgruppenleiters, den Eltern die Nachricht überbringen: „Gefallen für Volk und Vaterland." Norbert erschütterte diese Pflicht immer sehr, und sein nervöser Magen machte ihm dann besonders arg zu schaffen. Mathilde versuchte alles, um ihren Mann zu schonen. Immer wieder gestand sie sich ein, wie dankbar sie doch ist, ihren Norbert bei sich zu haben und nicht das Schicksal aller anderen Frauen und Mütter teilen zu müssen. Dabei versäumte sie es aber nie, zu helfen, wo sie nur konnte. Der Führer hatte zum Dank an die deutschen Mütter die Verleihung des Mutterkreuzes angeordnet. So bekam auch Norbert von der Kreisleitung den Auftrag, alle Frauen in seiner Ortsgruppe, die vier und mehr Kinder geboren hatten, für diese Auszeichnung vorzuschlagen. Natürlich war auch die Frau der verbotenen Religionsgemeinschaft dabei, und Norbert fand das ganz in Ordnung. Hatte diese doch auch ihre Kinder mit Schmerzen geboren.

Im Saal des Dorfgasthauses fand dann die Überreichung statt. Hakenkreuzfahnen und Blumen sowie ein großes Hitlerbild schmückte die Bühne. Der Lehrer hatte mit den Schulkindern einige Lieder eingeübt, dabei durfte des Führers Lieblingslied „Im schönsten Wiesengrunde" nicht fehlen und ein mehrstimmiger Choral auf Führer und Vaterland auch nicht. Zuerst bekamen, nach Norberts Ansprache, die Frauen, welche mehr als sechs Kinder geboren hatten, das goldene Mutterkreuz. Dann kamen die, die fünf und sechs Kinder hatten, dran, sie bekamen die Auszeichnung in Silber.

Bei den letzten war Mathilde mit dabei. Der Ortsgruppenleiter überreichte das Kreuz in Bronze für mindestens vier Kinder. Die Pimpfe in Uniform assistierten, und die Jungmädchen in ihrer kleidsamen Kluft überreichten Wiesenblumen, die sie selbst gepflückt hatten. Zu Hause lachten Norbert und Mathilde recht bissig über diese Veranstaltung, wohl hatten sie sich bei diesem Schauspiel nicht gefühlt.

Das Land stand im vierten Jahr des zweiten Weltkrieges. Ursula hatte im März ihre acht Schuljahre beendet und nun drängte es sie in die weite Welt. Sie hatte wählen können, in ein Landjahrlager, welches dem Schul- und Bildungsministerium unterstand, oder in den Landdienst der HJ, der härter und politisch direkt der NSDAP unterstand. Ursel entschied sich für letzteres, war sie doch ein Kind ihrer Zeit, von ihr geprägt und wollte in ihren Träumen viel für das großdeutsche Reich leisten. Ihren Wunsch, Lehrerin zu werden hatte sie zurückgestellt, denn sie war von der Schule für eine Lehrerbildungsanstalt vorgesehen. Die Eltern hatten wieder: „Nein" gesagt.
Weswegen, war unergründlich. Mathilde half ihrer Tochter, den Koffer zu packen. Wenn die Mädchen auch mit lagereigner Kleidung ausgestattet werden sollten, galt es doch, einige persönliche Dinge mitzunehmen.
Erst zu Weihnachten gab es Heimaturlaub, und ein dreiviertel Jahr ist lang, meinte die erfahrene Mutter.
Ursel winkte bei allen Prophezeiungen der Mitmenschen lachend ab: „Heimweh werde ich nie bekommen, ich bin doch froh, dass ich endlich weit weg bin und alles allein entscheiden kann." Der Koffer wurde im Opel verstaut, und Norbert fuhr seine schmucke Tochter zum Bahnhof. Ihm war doch sehr bange um sein Kind, aber Ursel hatte schon die Gedanken an das neue, wunderbare Unbekannte. Der Vater kam noch mit in den Waggon und verstaute den Koffer auf dem Gepäcknetz. Trotz aller Euphorie fiel Ursel der Abschied doch sehr schwer. Es war das erste Mal, dass Norbert seine Tochter in aller Öffentlichkeit in die Arme nahm und sie küsste. Ursel wusste, der Vater würde ihr sicher sehr fehlen. Als sie sich nach der Abfahrt des Zuges auf die Holzbank des Abteils dritter Klasse fallen ließ, erkundigte sich ein älterer Fahrgast, ob sie in den Mädchenarbeitsdienst fahre und ob der fesche Förster ihr Freund sei. Belustigt und bereitwillig gab das Mädchen Auskunft.

Nun hatte Mathilde alle Last mit den jüngeren Kindern allein zu tragen, und erst jetzt merkte sie, wie viel ihre Große ihr abgenommen hatte. Zum Glück waren Eleonore und Friedrich nicht mehr so klein. Letzterer hatte immer lustige Streiche im Kopf, aber er wurde auch von allen geliebt, und Eleonore musste im Hintergrund bleiben.

Jede Woche kam ein Brief von Ursel, und die Mutter schrieb ihr regelmäßig Antwort. Beide hatten sich viel zu berichten. Allerdings schrieben sie sich nur positive Mitteilungen. Bald lasen die Eltern auch zwischen den Zeilen, nicht alles war so wunderschön, und das Heimweh wurde für das Mädchen fast unerträglich.

In ihrer Arbeitsstelle gab es viele Ungerechtigkeiten und auch abends, wenn sich alle Mädchen im Lager trafen, war es oft sehr schwer. Ursels Selbständigkeit wurde viel mehr als zu Hause unterdrückt. Einen Trost und Genugtuung hatte sie, ihre Kameradinnen hielten zu ihr, und als sie einmal wegen einer Gemeinheit von Seiten der Lagerleitung einen Streik beschlossen, hatte Ursel alle Mühe, es den Mädchen auszureden. Es hätte schlimme Konsequenzen für alle Lagerinsassen bedeutet.

Dora, die zwei Jahre im Haushalt der Försterfamilie gelernt hatte, machte ihre Hauswirtschaftsprüfung mit „Sehr gut". Es war Mathildes ganzer Stolz, hatte sie doch all ihr Können und Wissen in dieses Mädchen investiert. Im April sollte ein neues Lehrmädchen anfangen. Mathilde stand dieser recht skeptisch gegenüber. Würde sie noch einmal ein so gutes Verhältnis wie zu Dora aufbauen können?

Auch Ursel kam in den letzten Märzwochen nach Hause, sie sollte sich für eine Einberufung in den Osteinsatz nach Danzig-Westpreußen bereit halten. Mathilde verkündete allen, die es hören wollten oder auch nicht: „Meine Große geht demnächst in den Osten." Viele dachten, wie kann eine Mut-

ter so kurzsichtig sein, ihre Tochter den immer näher kommenden Krieg entgegenzuschicken.
Norbert machte sich Sorgen um sein Kind. Er hatte sich immer noch einen Funken Realität bewahrt und verfolgte kummervoll die immer häufig werdenden Schlappen des Krieges und den Wahn Hitlers. Wenn auch in der Försterei grundsätzlich keine Feindsender abgehört wurden, trug man doch Norbert manche Meldung zu, die im Radio und Zeitung als böswillige Verleumdung abgetan wurde. Kurz nach der Heimkehr Ursels richtete es der Vater ein, mit ihr einen ausgiebigen Waldspaziergang zu machen.
Das Mädchen nutzte die Gelegenheit: „Vati, kannst Du mir helfen? Ich will nie wieder in ein Lager und in Eurer Nähe meine Lehre in der Landwirtschaft fertig machen." Darauf hatte der Vater nur gewartet und antwortete sofort sehr froh: „Aber Mädel, das regle ich als Erziehungsberechtigter. Du darfst ja noch keine gültigen Verträge abschließen." So gelöst hatte Mathilde schon lange nicht ihren Norbert erlebt und fügte sich ohne Murren in die Gegebenheit. Bald kam auch von der Bezirksleitung aus Breslau der amtliche Entlassungsschein, und Ursel bekam eine gute Lehrstelle auf einem 20 Kilometer entfernten Erbhof. Dort wurde sie wie eine eigene Tochter aufgenommen.

Es bestand schon in den Kriegsjahren eine Zwangsabgabe der landwirtschaftlichen Erzeugnisse, doch im letzten Kriegsjahr wurde sie besonders gestrafft.
Schon einige Jahre gab es Lebensmittelkarten. Hunger und Not kannte die deutsche Bevölkerung noch nicht. Wurden doch die besetzten Gebiete, die Ukraine, Polen, die Balkanländer und die westlich besetzten Länder ohne Rücksicht auf ihre Bürger ausgebeutet. Nun gingen ein Territorium nach dem anderen verloren, und auch die immer weniger kontrollierbaren Bombenabwürfe im Inneren des Landes zeigten

Wirkung. Selbst die größten Idealisten spürten mit Schrecken den Niedergang, den sich aber viele nicht eingestehen wollten, nur in den Gesichtern stand ihnen die Angst geschrieben. Doch Ursel, die durch ihre Erziehung die Angst nicht kannte, machte nun eine böse Erfahrung mit ihr.
Es war ein guter Sommer und die Heuernte im vollen Gange. Ursel, jung und gesund, packte überall kräftig mit an und fiel abends todmüde ins Bett. Nach sechs Stunden Schlaf war die Nacht schon wieder vorbei. Ihre Spezialität war, die Erntewagen packen, bis sie hochbeladen von den zwei Rassestuten nach Haus gezogen wurden. Dort stapelte Ursel die ihr gereichten Heubündel in der Scheune bis dicht unter das Dach. Bei stickiger Hitze, Staub und dem Duft des frischen Heus ereilte auch das Mädchen die Nachricht, dass nach all den Niederlagen nun auch Finnland gefallen war. Sie verspürte so viel Angst wie nie in ihrem Leben.
Eine Rückzugsbewegung der Staatsdeutschen und ihrer Familien wurde von Woche zu Woche intensiver, und Mathildes Bruder aus Ostpreußen fragte an, ob seine schwangere Frau und die beiden Kinder bei ihnen Unterschlupf finden könnten. Natürlich. Bald treffen auch die Verwandten ein, sie bekommen Ursels Zimmer, und im November wird ihnen ein Mädchen geboren. Inzwischen ist auch die Frau und drei Kinder des jüngsten Bruders in der Försterei. Mathilde kommt kaum noch zum Nachdenken. Die Hiobsmeldungen sind so zahlreich, dass man sie gar nicht alle registrieren kann, und Norberts Prophezeiung scheint recht zu haben „Wenn sowjetische Panzer erst einmal auf deutschen Straßen rollen, sind sie nicht mehr aufzuhalten." Die allergrößte Angst bei den Menschen sind die Sowjets. Hitler und sein Propagandaminister Göbels beschwören die Menschen, weiter an den Sieg zu glauben, denn bald kommt die „Wunderwaffe" zum Einsatz. Sie hypnotisierten damit das Volk, und Zweifler hatten keine Chance. Die deutschen Städte bis Berlin glichen Trüm-

merhaufen, und die Verluste an Menschenleben wollte und konnte man nicht erahnen.
Schlesien, Mecklenburg und Pommern brachten noch ohne Luftangriffe ihre Ernte ein. Wenige Menschen mussten diese Arbeit bewältigen. Auch Ursel war unermüdlich, und der Gedanke, dass sie schwere Männerarbeit verrichtete, kam ihr nicht. Ihr Bauer musste Kartoffeln an einen großen Rüstungsbetrieb liefern. Lastautos fuhren auf den Hof, und acht junge Mädchen, nicht viel älter als Ursel, sprangen von den Ladeflächen. Sie trugen alle den Judenstern und waren aus Polen zur Zwangsarbeit da. Eine deutsche Aufseherin begleitete sie. Die Mädchen beluden die Autos. Ursel kippte einen Kessel frisch gekochter Schweinekartoffeln aus. Ein jüdisches Mädchen sprach sie in gutem Deutsch an, ob sie für die Heimfahrt einige dieser Kartoffeln haben könnten. Ursel war ganz erschrocken, Menschen essen doch keine ungewaschenen Schweinekartoffeln. Rasch wollte sie einen Topf sauberer Kartoffeln kochen und eine gute Specksauce dazu machen. Doch die Zeit reichte nicht aus, und so lasen sich die Jüdinnen dankbar zwei Pappkartons mit den heißen Köstlichkeiten ein.
Schon saßen sie wieder auf dem Laster, und Ursel reichte ihnen wenigstens noch eine Tüte Salz. Sie konnte die Dankbarkeit dieser Mädchen nicht verstehen, doch machte sie die Worte sehr betroffen: „Sie sind gut Fräulein, wir wünschen Ihnen, dass es Ihnen mal nicht so geht wie uns."

Weihnachten 1944 konnte die Familie noch einmal zusammen sein. Die oberschlesischen Verwandten waren schon weiter nach Mitteldeutschland zu Freunden gezogen. Von Mathildes Brüdern gab es keine Lebenszeichen.
Mathilde und Norbert versuchten, ihrer Schwägerin und allen Kindern ein ruhiges Fest zu gestalten. Ursula ahnte nicht, dass sie das letzte Mal zu Hause sein würde. Es lag viel Schnee,

die Kälte hielt sich in Grenzen und war in dieser Gegend nichts Außergewöhnliches.

Doch es lag eine nervenraubende Spannung über den Menschen, und Sorge und Angst hatten sie gezeichnet. Auch der Funke Hoffnung auf die Wunderwaffe wurde immer schwächer, und man fing an, die Propagandisten, die immer noch pausenlos die Macht des dritten Reiches und dessen Bestand mit über tausend Jahren verherrlichten, anzuzweifeln. Soldaten brachten mehr aufklärende, niederschmetternde Nachrichten, als Rundfunk und Zeitung es eingestanden. Norbert und Ursel schnallten ihre Birkenholzski an und unternahmen einen weiten Waldlauf durch das verschneite Land. Der Vater sprach sehr ernst mit seiner Tochter. Sie soll sich auf jeden Fall rechtzeitig in Sicherheit bringen. „Ist es wirklich so ernst, und was ist mit der Wunderwaffe?"

„Der Krieg ist verloren, nun können wir nur noch ans Überleben denken. Das Schlimmste wäre, wenn wir den russischen Soldaten in die Hände fallen. Denk immer daran mein Mädel", gab der Vater seiner Tochter mit auf den Weg. Ganz von fern war ein dumpfes Grollen zu hören, und der Himmel hatte bei der einbrechenden Dunkelheit eine gespenstische rötliche Färbung. Zum zweiten Mal in ihrem Leben befiel Ursula ein starkes Angstgefühl. Doch der Vater war ja bei ihr, und sie befand sich in klarer frischer Luft und in der freien Natur, nicht wie im Sommer allein unter einem stickigen Scheunendach.

Nach dem neuen Jahr versah wieder jeder seine Arbeit. Der Eisgang auf dem Strom würde wohl bald zum Erliegen kommen und klirrender Frost auch die letzte offene Wasserrinne schließen. Das würde auch den letzten natürlichen Stopp der feindlichen Truppen brechen. Schon fast zwei Jahre sind vergangen, als der „Totale Krieg" von der Regierung propagiert wurde und die Massen jubelnd zustimmten. Das Schlagwort: „Kanonen statt Butter" kam aber vielen Volksgenossen nicht so leicht von den Lippen.

Auch in dem verschlafenen Heidedorf war es mit der Sicherheit vorbei. Norbert musste schweren Herzens seine Jagdgewehre bis auf eine Kugel und eine Schrotflinte zur Verfügung stellen. Alle alten Männer, die noch laufen konnten, und die Buben ab 14 Jahren wurden zum Volkssturm rekrutiert und mussten auf dem Dorfplatz, unter der Leitung eines jungen Offiziers, der den linken Arm verloren hatte, antreten. Ein Lastwagen brachte Sport-, Jagd- und Militärgewehre und dazu Munition, die den wenigsten bekannt war. Wahllos wurden die Waffen an die Männer und Kinder verteilt. Oft fehlte der Trageriemen, und das Gewehr konnte nur mit den bloßen Händen gehalten werden. Das Quecksilber stand inzwischen auf Minus 20 Grad. Als Mathilde diesen hoffnungslosen Haufen sah, zerschnitt sie eine Wäscheleine und gab sie den Volkssturmmännern, damit sie die Gewehre wenigstens über die Schultern binden konnten. Der Geschützdonner von Freund und Feind kam stündlich näher, und man fragte sich, wann wird denn nun endlich die Wunderwaffe eingesetzt.

Mathilde warf einen Blick durchs Küchenfenster. In dem Moment tauchte eine Pelzmütze auf und ein asiatisches Gesicht schaute sie an. Ein eisiger Schreck durchfuhr die sonst so harte und furchtlose Frau. Und ihr Gedanke, nun haben wir es doch nicht mehr geschafft, wir sind den Russen ausgeliefert, sicher werden sie uns gleich alle erschießen. In dem Augenblick klopft es auch schon an die Tür, und ein deutscher Soldat trat ein. Rasch klärte er Mathilde auf. Er führte eine Kompanie mongolischer Männer, die auf der Seite Deutschlands kämpften und sich nun auf den Rückzug befanden. Viel Kräutertee und ein paar Brote konnte die Hausfrau den Männern anbieten, ehe diese weiter westwärts zogen.
Bald hatte sich auch der Befehlsstand des Volkssturms in der Försterei einquartiert. Die Kinder gingen schon monatelang nicht zum Unterricht, das Schulgebäude wurde auch für mi-

litärische Zwecke genutzt. Den Geschützdonner hörte man immer stärker, und die Front rückte täglich näher.
Die NSDAP Kreisleitung, die alle Fäden des Zivilschutzes fest in ihren Händen hielt, verzögerte eine Räumung der Bevölkerung, und unter Androhung der Todesstrafe war jeder Bürger verpflichtet, auszuharren. Auch Norbert und Mathilde mussten diesem Treiben verständnislos zusehen und warteten stündlich auf den erlösenden „Räumungsbefehl". Mathilde und ihre Schwägerin drehten Bettwäsche, Handtücher und dergleichen durch die Wäschemangel, um ein geringes Volumen zu erzielen. Auf diese Weise bekam man viel in die genehmigten Koffer. Mathilde war außerdem dazu bestellt, als Treckleiterin für Familien mit Klein- und Kleinstkindern verantwortlich zu sein.
Zwei große Lastautos von der Maschinenfabrik des Ortes waren dafür schon beschlagnahmt und mit Treibstoff versehen worden. Norberts Opel stand seit Wochen im Schuppen, für ihn gab es kein Benzin mehr. Bis dahin hatte Norbert noch immer versucht, die paar Liter Zuteilung mit einigen Flaschen Brennspiritus zu strecken.
Am 27.01.1945 kam zwar der traurige, aber erlösende Befehl zum Räumen der Ortschaften im östlichen Kreisgebiet. Norbert verschaffte sich Kontakte zu seiner zwanzig Kilometer entfernt lebenden Tochter. Es war ein Glück, dass bei ihm und ihr ein Befehlsstand des Volkssturmes untergebracht war und auf diese Weise noch eine persönliche Verbindung zustande kam.

Es war eine schaurige Nacht. Man schaute über den Fluss – überall leuchteten die Mündungsfeuer der Geschütze, und die Flammen der brennenden Dörfer ließen erahnen, welcher Ort im Feuer unterging. Ursprünglich hatten alle Pferdebesitzer des großen Bauerndorfes ihre Planwagen gepackt. Es war gut organisiert, welcher Landarbeiter mit seiner Familie bei wem mitfahren sollte.

Ursel packte und schaffte die ganze Nacht, denn am nächsten Morgen musste sich alles in Bewegung setzen. Die Nacht war bitterkalt und sternenklar, und der Schnee glitzerte und knirschte unter den Fußtritten. Am frühen Morgen kamen die Bauern und erklärten Ursulas Chef: „Wir bleiben alle hier." Hatten sie die Situation verkannt? Sie wollten ihren, zum Teil Hochzuchtpferden, eine derartige Strapaze ersparen, auch meinten sie, ihr übriges Vieh nicht zurücklassen zu wollen. Auch Ursulas Bauer, der politischer Führer im Dorf war, entschied sich, bei seinen Bauern zu bleiben.

Ursel musste auf jeden Fall weg, denn der Vater hatte es ihr noch mal ans Herz gelegt und dabei auch die Fluchtrichtung der Familie angegeben.

Zwei Militärlaster sollten alle, die es wünschten, herausholen. Nun wurde auch Ursels Koffer sehr voll, denn sie bekam ein Brot und Butter und einen ganzen Schweineschinken als Wegzehrung eingepackt. Ihre Halbschuhe band sie an ihren Gürtel, zog sich sehr warm an, und die Filzstiefel hielten ihre Füße bei zweiundzwanzig Grad Kälte mollig warm. Die aufgeregten Menschen holten ihr Gepäck von den Bauernwagen und drängten zu den Lastautos. Alle Leute im Dorf wollten fliehen, nur die Bäuerinnen mit ihren Kindern blieben bei ihren Männern. Hätten sie erahnt, was ihnen schon wenige Tage danach widerfahren wird, sie wären ohne allem Hab und Gut davongelaufen.

Ursel half, Gepäck und Menschen auf engstem Raum unterzubringen. Ganz am Ende hoben die Männer auch sie auf die Ladefläche. Nur mit der Zehenspitze des rechten Fußes fand sie etwas Stand, als die Klappe geschlossen wurde. Dann ging es in halsbrecherischer Fahrt auf der schneeglatten Straße in Richtung Kreisstadt. Das anfängliche Weinen und Jammern war verstummt, aber nun ereilte die Menschen ein neuer Schrecken. War es bisher nur die Kälte und der Fahrtwind, so vernahm man nun ganz nahe Maschinengewehrsalven, die den

Fahrzeugen galten, aber zum Glück ihr Ziel verfehlten. Später stellte sich heraus, es handelte sich um einen sowjetischen Spähtrupp, der über die zugefrorene Oder gekommen war.

Nachdem Norbert seine Familie ins Ungewisse entlassen hatte, blieb ihm wenig Zeit zum Nachdenken. In der Nacht hatte eine Frau ihr fünftes Kind entbunden. Sie und ihre Kinder konnten nicht mit auf den Transport. Nach langem hin und her konnte diese Familie zwei Tage später in ein Personenauto gesetzt werden. Norbert hatte in der Eigenschaft als Ortsgruppenleiter ihnen einen Fahrbefehl bis Bautzen ausschreiben lassen. Das in der Kreisstadt für diese Leute die Fahrt schon zu Ende war, erfuhr Norbert erst nach Jahren. Der Taxifahrer hatte seine eigene Familie lieber in Sicherheit gebracht. Die Front an der Oder war zum Stehen gekommen. Am 28. Januar wurde die große Brücke gesprengt, nachdem sie schon von drei russischen Panzern passiert worden war.
Diese hatten ein Blutbad an den Flüchtlingen angerichtet, und die übrigen Menschen wurden von ihnen in eine Feldscheune getrieben, um die sich die Panzer postierten. Vier Tage harrten die Menschen darin aus, denn an eine Befreiung war in dieser Situation nicht zu denken. Eines Nachts waren die Panzer verschwunden, und die Menschen taumelten ins Freie. Einige waren irre geworden, doch als der große Wasserverlust wieder ausgeglichen war und sich die etwa hundert Personen in den warmen Stuben der Dorfbewohner erholt hatten, transportierte man sie mit Militärfahrzeugen ebenfalls in Richtung Bautzen und Dresden.
Der Förster hatte viele Flüchtlinge in seinem nun leerstehenden Haus beherbergt. Eines Nachts, Norbert hatte sich erschöpft für ein paar Stunden aufs Bett gelegt, natürlich ohne sich auszuziehen, da schwirrten Gewehrkugeln durchs Fenster. Wut und Schrecken ließen den so Angegriffenen aufspringen und den Täter verfolgen. Es war ein alter Mann aus dem

Dorf, der bei dem Förster schon lange im Verdacht der Wilddieberei stand. Na, es war ja nichts passiert. Norbert ließ ab von der Verfolgung. Doch am nächsten Morgen fand man den alten Sünder erhängt in seiner Scheune. Fünfzig Prozent der Bewohner waren auf ihrem Anwesen geblieben. Norbert wurde vor die Wahl gestellt, jetzt, wo das Territorium ohne Kampfhandlung durch leisen militärischen Abzug verlassen wurde, sich dem Volkssturm zur Verfügung zu stellen oder der Wehrmacht als Wegekundiger. Er entschied sich für letzteres, denn der Volkssturm war völkerrechtlich nicht anerkannt und konnte wie Partisanen behandelt werden.

Indessen kam Mathilde mit ihren anvertrauten Menschen nach zwei Tagen in Bautzen an und wurde in eine Schule eingewiesen, die schon alles für ihre Ankunft bereitgestellt hatte. Essen und Trinken, Strohsäcke und Waschgelegenheiten, sogar an zwei Babybadewannen hatte man gedacht. Die Kleinen mussten die ganze Zeit in ihren zu Hause angelegten Windeln ausharren, und besonders für sie und ihre besorgten Mütter war diese Fürsorge eine echte Wohltat.
Mathilde setzte ihr ganzes Organisationstalent ein, und schon am übernächsten Tag ging es in Privatquartiere in ein Dorf, 40 Kilometer von Dresden entfernt. Man rückte zusammen, und alle bekamen eine Unterkunft. Mathilde war mit ihren drei Kindern und dem vierzehn-jährigen Lehrmädchen bei einer Witwe untergekommen. Diese hatte ihr geräumiges Schlafzimmer mit vier Schlafgelegenheiten zur Verfügung gestellt. Sie selbst und ihre drei halbwüchsigen Kinder verschwanden nachts, dick angezogen, in die eiskalten Bodenkammern.
Da sich im Haus eine separate Toilette befand, wurde das kleine Bad zur Küche der Flüchtlingsfamilie umfunktioniert.
Die Badewanne diente als Vorratsraum und der Badeofen, nachdem der Kesselaufsatz abgenommen war, konnte als Kochstelle und Wärmequelle genutzt werden.

Ursel war relativ rasch in der Kreisstadt und wurde mit allen anderen Flüchtlingen vor dem Bahnhof abgeladen. Es hieß, von hier aus fahren die Flüchtlingszüge. Auf dem Vorplatz und auf den Bahnsteigen standen viele verängstigte Menschen, die große Kälte, es waren immer noch zwanzig Grad Minus, spürte keiner bei der Aufregung und Angst. Nur für die kleinen Kinder war es sehr schlimm. Sie weinten und froren und waren so müde. Die Mütter und Großeltern mussten hilflos zusehen. Viele waren bis jetzt kaum aus ihrem Dorf herausgekommen oder gar mit der Eisenbahn gefahren. Ursula erkundigte sich beim Bahnpersonal, das ihr aber auch keine Hoffnung machen konnte. Die Frauen von den Lastwagen baten: „Fräulein Ursel, machen Sie doch unsere Treckführerin, Ihnen können wir vertrauen." Das ehrte zwar sehr, aber nach kurzer Überlegung lehnte Ursel dieses Ansinnen ab, sie fühlte sich mit ihren sechzehn Jahren doch überfordert.
Eine starke Detonation erschütterte gegen Mittag die Stadt, und alle fragten sich erschrocken, was das war. Bald erreichte sie die Meldung: „Die Oderbrücke ist gesprengt worden."
Ursel sah ein Mädchen, mit der sie die Schulbank gedrückt hatte, stehen. „Gisela, wo ist Deine Mutter und was machst Du hier?"
Die Angesprochene war froh, jemanden Bekannten zu treffen. Sie stand zwar warm angezogen da, bedeckte ihre Hände, in denen sie ein angefangenes Strickzeug hielt, mit einer BDM Jacke. Sonst hatte sie nichts bei sich. „Mama ist mit den drei kleinen Geschwistern mit einem Militärauto und allem Gepäck schon weggefahren. Ich sollte noch ein wenig die Wohnung aufräumen und sauber machen und dann nachkommen."
„Und wohin?"
„Ich weiß nicht." Es gab schon seltsame Sachen. Ursel und Gisela verließen den Bahnhof und gingen zur Durchgangsstraße, sie mussten ja weiter kommen, und der schwere Koffer konnte nun zu zweit getragen werden. Bald nahm sie auch

eine Funkabteilung des zurückflutenden Militärs in Richtung Görlitz mit. Unterwegs wurden sie an einem Bahnhof abgesetzt. Von dort fuhren sogar planmäßige Züge. Auch von Geschützdonner war nichts mehr zu hören. Ursel wusste, sie musste nach Bautzen, was ihr auch nach einigen Stunden gelang, denn diese Bahnstrecke war ihr durch ihre Landdienstzeit nicht unbekannt.

Die erste Nacht schliefen beide Mädchen im Warteraum, die zweite im überfüllten Zug, stehend nur an die Wand gelehnt. In Bautzen erkundigten sich die Mädchen nach dem Flüchtlingsauffanglager, und es stellte sich heraus, dass es mehrere davon gab. Rasch noch eine heiße Tasse Tee und zwei Schmalzbrote beim Roten Kreuz, den Koffer in die Gepäckaufbewahrung bringen, und die Mädchen begannen die Suche nach den Angehörigen. Schon erfasste sie die jugendliche Unbekümmertheit. In den Straßen der Stadt verlief das Leben fast wie im Frieden, nur an allen Ecken patrouillierten die so genannten Kettenhunde, um desatierende Soldaten aufzugreifen. Sogar das Kino war noch in Betrieb und bot täglich zwei Vorstellungen an. Rasch wurde beschlossen, diese demnächst zu besuchen. Als die erste Anlaufstelle erreicht war, es handelte sich um ein umfunktioniertes Gymnasium, ging es schon dem Abend zu.

Das diensttuende Lehrerkollegium empfing die beiden Ankömmlinge recht unfreundlich, versicherten ihnen, dass ihre Angehörigen nicht bei ihnen sind, gewährte ihnen aber eine Nacht Unterkunft. Rasch wurde der Koffer geholt, und nach Tee und Butterbroten verlangte der Schlaf sein Recht.

Am nächsten Morgen ging die Suche weiter, aber auch diese brachte kein Ergebnis. Ursel verhandelte und bat, noch eine Übernachtung zu gewähren, dann sollten die Mädchen weiter nach Thüringen abgeschoben werden. Auch der nächste Tag brachte zunächst keinen Erfolg, doch als sie Mittags eine Gaststätte aufsuchten, in der eine Tasse heiße Brühe angeboten wurde, kamen sie mit einem Forstmann ins Gespräch. Ursel stellte sich als Förstertochter vor und ihr wurde Hilfe, ja sogar Unterschlupf, bei ihm zugesagt. Das war doch wieder ein Lichtblick und schließlich erreichten Ursel und Gisela am Rande der Stadt die Schule, in welcher der Heimattreck Station gemacht hatte. Dort war man sehr freundlich, gab den jetzigen Aufenthaltsort bekannt und auch die Zugverbindung, um dort hin zu gelangen. Nun aber rasch zu ihrer Schlafstelle, den Koffer geschnappt, und die Abmeldung der Mädchen fiel übermütig und schnippisch aus.

Sehr verwundert waren die beiden jungen Flüchtlinge, als sie aus dem Zug stiegen und von einer freundlichen Helferin der Bahnhofsmission empfangen wurden und in das Quartier von Mathilde und ihren Kindern gebracht wurden. Offensichtlich waren sie über das Eintreffen informiert worden.

Wenn auch Mathilde große Sorgen um ihren Mann hatte, war sie doch froh, alle ihre Kinder bei sich zu haben, und die Wirtsfrau freute sich mit ihr. Bei letzterer lief immer das Radio, um über die Anflüge feindlicher Flugzeuge informiert zu sein. Besonders achtete sie auf den Magdeburger Raum. Dort war ihre älteste Tochter als Flakhelferin stationiert. Mathilde bangte mit ihr, so wie auch sie mit Mathilde. Mathilde kümmerte sich um die ihr anvertraute Schar, erledigte Behördenangelegenheiten und schlichtete Unstimmigkeiten.

Auch mit dem Arzt und der Gemeindeschwester hatte sie guten Kontakt. Der Ort war vollgestopft mit Flüchtlingen aus allen Gegenden des ostdeutschen Raumes. Viele helfende Hände wurden gebraucht, und so stellte sich Ursula der Gemeindeschwester zur Verfügung. Ihre erste Arbeit war, eine fünfköpfige Familie von Kopfläusen zu befreien. Die Kinder wurden kahl geschoren und dann in ein warmes Bad gesetzt, um in dem mit übermangansaurem Kali angereicherten Wasser die Grinde auf den Köpfen abzulösen, unter denen die Läuse auch zahlreich saßen. Eine andere Flüchtlingsfrau aus Ostpreußen

war gerade von ihrem vierten Kind entbunden worden, und Ursel übernahm dort die Wochenpflege und Haushaltsführung für vierzehn Tage. Inzwischen hatte Mathilde mit der einheimischen Lehrerin in der Schulküche eine Flüchtlingsküche von dem Bürgermeister genehmigt bekommen.
Einen geregelten Unterricht in dem Schulgebäude gab es ohnehin nicht mehr. Nun waren Ursel und Gisela, die immer noch nach ihrer Mutter forschten, dort tätig. Bald kam eine Karte von Giselas Mutter, wir sind in Potsdam, und Gisela reiste zu ihr.
Dann erfolgte im Februar der furchtbare Fliegerangriff auf Dresden. Wenn es auch vierzig Kilometer entfernt geschah, war die Nacht taghell erleuchtet, so dass man mühelos eine Zeitung im Freien lesen konnte. Auch Bewohner aus der Heimat waren Opfer auf dem Bahnhof von Dresden geworden.

Einige Tage danach stand plötzlich Norbert in der Tür. Er trug Zivil und sah erschöpft und müde, aber glücklich aus. Zwei Tage und Nächte konnte die Familie vereint bleiben, dann musste Norbert nach Leipzig, um sich dort in einer Ausbildungskaserne zu melden. Welch ein Wahnsinn! Zunächst wurden die Neuankömmlinge eingekleidet. Die Kompanie bestand aus Männern über vierzig. Nicht wenige kamen aus dem Forstdienst, und wer diese Situation nicht mit Galgenhumor tragen konnte, hatte es noch schwerer als die anderen.
Bei Schießübungen, nach militärischer Vorschrift, sollten die Waffen gehandhabt werden. Doch die Jäger waren es ein Leben lang auf ihre Art gewöhnt. Viele Brüller mussten sie über sich ergehen lassen. „Das sind keine Soldaten, sondern Wilddiebe." Doch die Schießergebnisse waren gut. Dann musste Norbert, da er ja einen Führerschein besaß, auch noch Bus und Lastwagen fahren lernen. Es war eine Zumutung, die kaum zu bewältigen war, und das in den engen Straßen von

Leipzig. Norbert dachte mit Wehmut an seinen Opel, den er in Freiheit gefahren hatte.

Alle Schikanen, welche die bis dahin ungedienten Männer erleiden müssen, sind oft menschenunwürdig. Ihre geheime Überlegung bedeutet, möglichst lebend zu überstehen, denn lange kann es ja nicht mehr dauern. Die Ostfront schien sich etwas beruhigt zu haben, und jeder wünschte sich nichts sehnlicher, als dass der Amerikaner vor den Sowjets da sein möge.

Im April war es tatsächlich soweit. Das zerschunden und zerbombte Leipzig nahmen die Amerikaner kampflos ein. Auch die Kasernen mit ihren Soldaten und Offizieren wurden ordnungsgemäß dem Sieger überlassen. Aber auch Norbert sah sich getäuscht, die Todesfurcht blieb.

Auf große amerikanische offene Fahrzeuge verladen, befürchteten die Gefangenen, dem Russen ausgeliefert zu werden. In halsbrecherischer Fahrt steuerten schwarze Soldaten die Fahrzeuge über Autobahnen und Landstraßen, mal westlich, dann wieder nach Osten.

Bis die Männer schließlich den Franzosen übergeben wurden und in dem berüchtigten Gefangenenlager „Bad Kreuznach" landeten. Ab und zu meldete sich ein Spaßvogel zu Wort: „Tausend Jahre deutsches Reich sind schnell herum gewesen. Freut Euch Männer, so alt ist bis jetzt kein Mensch geworden."

Und niederschmetternde oder auch aufmunternde Gerüchte erreichten ständig die hoffnungslosen Männer.

Indes stießen die sowjetischen Truppen zwar langsam, aber unaufhaltsam auch dem Zufluchtsort von Mathilde und ihr anvertrauten Menschen entgegen.

Die Westfront war schon zusammengebrochen. Westliche Alliierte wurden von der Bevölkerung freudig begrüßt, und die Sowjets konnten ihnen nichts anhaben. Alle Reserven versuchten, den „Russen" aufzuhalten, doch der Geschützdonner kam

immer näher. Lauban und Görlitz waren gefallen, und nun ging es um Bautzen. Es waren noch keine vierzehn Tage her, da waren Mathilde und Ursel in dieser Stadt einkaufen gewesen.
Die Ostflüchtlinge hatten Kleiderkarten wie die total Ausgebombten bekommen und konnten sich allerlei kaufen, auch Geschirr und andere Haushaltsartikel, so dass bald jeder, wenn auch einen sehr kleinen Hausstand besaß. Auch für Kohle war gesorgt, weder frieren noch hungern brauchten die Heimatlosen. Der Winter saß noch fest im Sattel, aber wo die wärmenden Strahlen der Vorfrühlingssonne hintrafen, wagten sich manches Schneeglöckchen und Leberblümchen hervor. Wenigstens für kurze Zeit vergaß man die Not und Traurigkeit.
Durch das Rote Kreuz waren auch die Angehörigen des Lehrmädchens gefunden, und das Mädchen wurde abgeholt. Für Mathilde war das eine große Erleichterung, hatte doch sie diese Verantwortung abgeben können.
Auch die Schwägerin mit den drei Kindern war in Richtung Niedersachsen zu Verwandten gereist.
Und dann kam zwangsläufig der nächste Räumungsbefehl, zunächst für alle Flüchtlinge. Wieder begann man Koffer und Kisten zu packen und wieder musste manches zurück-bleiben. Morgens früh stand ein Personenzug bereit und nahm die Menschen auf. Der Zug setzte sich auch erst gegen Abend in Bewegung, man hoffte, so einem Tieffliegerbeschuss auszuweichen. Nach einigen Stunden, es war noch dunkel, hieß es aussteigen. Auch die Bahnhöfe mussten dunkel bleiben, und die Familien hatten Mühe, sich nicht zu verlieren. Mathilde schleppte immer noch die Jagdgewehre ihres Mannes mit. Sie meinte: „Das ist doch sein Handwerkszeug und außerdem sehr wertvoll." Verstanden hat diese Einstellung wohl keiner.
Wieder kümmerte sich die Bahnhofsmission um die Neuankömmlinge. Die waren nun in Aue im Erzgebirge gelandet, und die Behörden waren bestrebt, den Bahnhof so schnell wie möglich von den Menschen zu räumen und diese in Si-

cherheit zu bringen. Alle Gepäckstücke mussten aber erstmal ordentlich zusammengestellt auf dem Bahnhof verbleiben. Nur das Handgepäck passte mit in den Bus. In rascher Fahrt kam man in ein idyllisches kleines Bergdorf.
Die Unterkunft, Baracken mit Doppelstockbetten. Keine Decken, kein Stroh, nur blanke Bretter. Ehe sich die Leute ihrer Lage bewusst wurden, hatte sich bei Mathilde schon ein SS Offizier gemeldet. Der versprengte Haufen Soldaten brauchte ja nun nichts mehr, es war klar, sie mussten in die Gefangenschaft. Sie räumten ihre Lagerbestände, die aus Decken und Männerunterwäsche bestand. Mathilde nahm alles, was sie für ihre Leute bekommen konnte. Und schon wieder war sie beim Organisieren. Mit zwei Fahrzeugen der Wehrmacht wollte sie mit zwei rüstigen alten Männern das Gepäck holen.
Aber was für ein Anblick. Bei Tage hatten Tiefflieger den Bahnhof angegriffen und alles restliche Hab und Gut der Menschen zerschossen. Es sah aus, als ob der Winter zurückgekommen wäre, denn aus den zerschossenen Bettsäcken hingen überall die Daunenfedern. Alles andere bot ein Bild der Verwüstung. Doch in allem kaputten Durcheinander stand unversehrt ein kleiner Koffer. Mathilde erkannte ihn an der alten Tischdecke, die sie darumgewickelt hatte. Er enthielt ihren Schmuck und etwas Tafelsilber. Sie war froh, die Männer mitgenommen zu haben, sie waren ihre Zeugen. In dem Dorf gab es für die Flüchtlinge warme Getränke, ein Mittagessen und auch Brot, ebenso noch Wurstkonserven aus dem Versorgungslager der Soldaten. In der kleinen Schicksalsgemeinschaft war auch ein Mann, der vom ersten Weltkrieg beinamputiert war und ein Holzbein trug.
Er hatte es aus Furcht, dies bei einem Fliegerangriff nicht schnell genug anziehen zu können, viele Tage nicht abgelegt. Dadurch war der Stumpf wund und blutete, die Schmerzen waren unerträglich. Mathilde riet dem armen Mann, doch in

der Nacht die Prothese abzuschnallen, wenn wirklich etwas ist, weckt sie ihn schon zur Zeit. Und tatsächlich ertönten eines Nachts die Sirenen. Alles musste im Dunkeln geschehen, der kleinste Lichtschein konnte zum Verräter werden. Mathilde weckte den Mann, und Christof wollte ihm rasch das Holzbein reichen, doch da rief schon der Alte: „Junge, das ist doch unser Brot und nicht mein Bein." Die Menschen waren in dieser Nacht verschont geblieben, und am Morgen lachte man herzlich über die Verwechslung.

Ursel hatte wieder eigene Wege beschritten. Da sie ja in diesem Frühjahr ihre Hausarbeitsprüfung ablegen wollte, meldete sie sich gleich bei der Kreisbauernschaft in Bautzen und wurde Ende Februar auch zu der Prüfung zugelassen. Sie meinte: „Ja, in Schlesien wäre das Ergebnis besser ausgefallen und bestanden ist bestanden." Dabei war der Kreisbäuerin das selbstbewusste und bescheidene Mädchen aufgefallen, und sie bot Ursel an, die weiterführenden zwei Lehrjahre auf ihrem anerkannten großen Lehrgutshof zu machen. Als Ursel und Mathilde sich das Gut angesehen und Unterkunft für gut befunden hatten, unterschrieben beide den neuen Lehrvertrag, und schon ging die Arbeit los.
Stall und Feldarbeit bestritten ausschließlich die polnischen Mägde und Knechte, und Ursel wirtschaftete hauptsächlich in der Küche, denn circa zwanzig Personen mussten verköstigt werden. Aber die verdreckten Ackerstiefel musste das Mädchen auch jeden Morgen dem Gutsherrn spiegelblank putzen.
Als sie mal aus Gleichgültigkeit, denn es waren ja nur die Ackerstiefel, zwischen Sohle und Absatz etwas Dreck übersehen hatte, schmiss ihr der Chef, wütend schreiend, den Stiefel entgegen. Ein Glück, Ursel hatte schnell reagiert und sich geduckt, sonst wäre der Stiefel an ihrem Kopf gelandet. So verfuhr der Mann auch täglich mit den polnischen Arbeitern, und diese schworen heimlich Rache, wenn der Hitler tot ist. Zu der Hausfrau

hatten alle ein gutes Verhältnis, obwohl sie ja auch eine Parteigängerin war, sich aber die Menschlichkeit bewahrt hatte.
Die Mutter, Christof, Eleonore und Friedrich kamen Ursel am Nachmittag vor ihrer Abreise lebe Wohl sagen, und Mathilde ließ sich das Versprechen der Bäuerin geben, ihre Tochter zu behüten und zu beschützen. Besonders fiel Ursel der Abschied von den Geschwistern schwer, waren sie doch immer mehr von ihr als von Mathilde betreut worden.
Nur ein paar Tage danach war der Geschützdonner schon sehr nahe heran gerückt, und besonders die so genannten Stalinorgeln versetzten die Menschen in Angst und Schrecken. Bautzen war nun auch von den sowjetischen Truppen eingenommen worden. In Eile wurde ein großer Planwagen mit den vermeintlichen Kostbarkeiten der Herrschaftsfamilie, aber auch der Habseligkeiten der Arbeiter, voll beladen und vier Pferde davor gespannt.
Die Leute konnten nur abwechselnd mit auf dem Kutschbock sitzen, sonst mussten sie nebenher laufen. Ursel bekam einen gummibereiften Wagen mit einem Kutscher und zwei Pferden überantwortet. Es war der Verpflegungswagen, und das noch nicht ganz siebzehnjährige Mädchen sorgte dafür, dass alle satt wurden. Ein kleiner Eisenherd, der am Ende der Ladefläche installiert war, erlaubte, täglich ein warmes Gericht und heiße Getränke zuzubereiten.
Lange Weile hatte Ursel auf der mehrtägigen Flucht nicht, war doch auch eine gute Milchkuh mit von der Partie und ein ganzer Sack noch rasch geschlachteter Hühner musste gerupft und zubereitet werden. Es gab wohl keinen, der bei allen materiellen und auch menschlichen Verlusten sein Leben einbüßen wollte. Wenn auch eine große Resignation um sich gegriffen hatte, setzte sich der angeborene Selbsterhaltungstrieb durch.
Mit Entsetzen musste Ursel mit ansehen, wie ein mit hochrangigen Wehrmachtsoffizieren besetztes Auto in einen Seitenweg abbog, die Männer ausstiegen, ihre Uniformen auszogen und

schamlos in ihre Zivilkleidung schlüpften, wieder in ihr Fahrzeug stiegen und sich rücksichtslos ihren Fluchtweg bahnten. In manchen Waldabschnitten lagen Reichsmarkscheine wie Herbstlaub verstreut. Niemand bückte sich danach. Ursel verteilte oft einen Becher Milch an Kinder, und die Mütter waren dankbar. Sie hatte ja die alleinige Vollmacht über den Verpflegungswagen. Die mitflüchtenden Polen standen ohne Einschränkungen zu Ursel, war sie doch eine Leidensgefährtin, und dieser Umstand sollte später von großem Nutzen sein.

Zum Glück war der Frühling mit warmen Tagen und auch Nächten gekommen und ermöglichte vielen das Übernachten im Freien. Wo sollten auch so viele Menschen ein Dach über dem Kopf finden? Der Gutstreck rollte wie alle anderen auf der Straße, ins Sudentenland, um über die Tschechei Bayern zu erreichen. Dort hatte der Amerikaner alles besetzt und wie auch immer, nur nicht dem Russen in die Hände fallen. Selbst die großen Optimisten hatten den Glauben an eine Wunderwaffe aufgegeben, und nur das nackte Überleben zählte noch.
Dann kam die Karawane in Soland an die tschechische Grenze. Bis dahin empfand man die bergige Landschaft nicht unangenehm, denn das Gebirge stieg ja auf der deutschen Seite allmählich an. Die Zugtiere bewältigten diese Straße bis zum Kamm recht gut. Doch was erwarteten da oben die voll Ungeduld nachdrängenden Menschen? Die fast senkrecht abfallende Straße war für die schweren Wagen ein fast unüberwindliches Hindernis. Da halfen auch die Bremsen, die sich sofort heißliefen, nicht mehr, und manches Fahrzeug war schon mit Pferden und Menschen in die Tiefe gestürzt.
Alle Leute stiegen von den Wagen und lange Baumstämme wurden zwischen die Wagenräder geschoben. An deren Enden hingen die verfügbaren Menschen, um mit ihrer Körperkraft die Fahrzeuge zu bremsen und sie so ohne Absturz ins Tal zu bringen. Die Solidarität der Gespannführer war vorbildlich, denn

unten wurden die Stämme wieder zusammengebunden, und die Pferde schleppten sie nach oben, um den nachfolgenden Gespannen die Möglichkeit einer sicheren Abfahrt zu geben. Viele Stunden vergingen bei dieser Aktion, und immer blickten sich die Leute um, haben uns die Panzer schon eingeholt. Ein Aufatmen bei allen, wenn flaches Land erreicht war, und man schätzte, ständig rechts und links schauend, ab, wie man sein nacktes Leben retten könnte, wenn die Panzer alles überrollen. Die wildesten Gerüchte ereilten die tausenden Flüchtlinge. Da hieß es: „Die Wunderwaffe ist zum Einsatz gekommen", oder „Hitler ist geflohen", oder „Hitler ist tot, heute noch gibt es einen Waffenstillstand."
Und alle drängten weiter in Richtung Bayern, obwohl die Straßen total verstopft waren. Plötzlich war auch wieder der Gutsherr da.
Er hatte in einem großen Sägewerk für alle seine Leute und Pferde Nachtquartier gefunden. Die polnischen Landarbeiter spotteten, wie freundlich ihr Chef sein konnte, wenn es ihm an den Kragen ging. Die Radiomeldungen überschlugen sich und waren sehr widersprüchlich. Konnte es wirklich wahr sein, dass der Krieg zu Ende war?
Jubel und Freude kam nicht auf. Zu sehr beschäftigte das Volk, Deutsche und Sieger die ungewisse Zukunft einzuschätzen. Die Angst blieb. Und Ursel fand endlich Zeit, sich Sorgen um ihre Eltern und Geschwister zu machen. Eine Nacht tiefen und erholsamen Schlafs auf einem Sofa hatte sie auch befähigt, wieder klar zu denken. Da ertönte am Morgen das Rasseln von Kettenfahrzeugen auf der Straße und ein Schrei: „Die Russen kommen", ließ alle Deutschen erzittern. Die meisten versuchten, sich zu verstecken, auf den Dachböden, Kellern, Schuppen, Scheunen oder Kammern. Ursel lehnte das ab, nachdem das polnische Hausmädchen der Wirtsleute ihr ihren Schutz versichert hatte. Schon war die Soldateska im Haus, und Ursel wartete ganz ruhig das Weitere ab.

Bald stelle sich heraus, es waren polnische Kampftruppen, die in dem sudetendeutschen Dorf Einzug hielten. Erst da begann unter den polnischen Menschen eine frohe Siegesfeier, und Ursel war wie selbstverständlich dabei, nur verstand sie kein Wort. Doch Anuschka, eine Polin, übersetzte ihr vieles. „Ursel, Du bist genauso böse dran wie wir. Hast Deine Heimat verloren und musstest auch als Magd bei dem Gutsherrn arbeiten." Ursel erinnerte sich oft an das Gespräch mit dem jüdischen Mädchen. Was wird wohl aus ihnen geworden sein?
Und doch hatte Ursel eine große Hoffnungslosigkeit ergriffen, alle ihre Zukunftsträume schienen zusammengebrochen zu sein. In dieser Situation hatte sie auf ihr ganz persönliches Betreiben den ersten sexuellen Kontakt mit einem der Landarbeiter, doch es war so enttäuschend, und sie merkte, das kann auch nicht das wahre Leben sein.
Fast acht Tage hielt sich der Treck in der Geborgenheit des Sägewerkes auf. Ein großes Vorratslager wurde geplündert. Ursel beteiligte sich schon aus Stolz nicht daran.
Anuschka brachte ihr einige Unterwäsche mit. Ein großes Fass mit Bienenhonig wurde auf den Sägeplatz gerollt und allen, die mit Gefäßen kamen, wurde davon abgefüllt. Dann kam tschechische Miliz in das nur von Deutschen bewohnte Dorf. Zunächst mussten natürlich alle, die dort Zuflucht gefunden hatten, das Land verlassen. Der große Treckwagen und fünf Pferde blieben konfisziert zurück. Auch mit dem Auto war es vorbei. Die polnischen Landarbeiter hatten bei den Behörden erwirkt, dass der kleine ehemalige Verpflegungswagen und ein Pferd wieder mit nach Deutschland durften und dafür auch Dokumente bekommen, um einer erneuten Beschlagnahme unterwegs vorzubeugen.

Der Sommer war plötzlich warm, aber von vielen Gewittern begleitet. Die Natur erholte sich rasch und verdeckte viele Wunden, die der Krieg auch ihr geschlagen hatte. Für die

Menschen begann trotzdem wieder eine schlimme Zeit. War die Obdachlosigkeit nicht mehr so hart, aber der Hunger quälte Mensch und Tier um so mehr. Als man wieder auf dem Gutshof eintraf, fehlte alles Vieh, und die Ställe, aber auch die Wohnungen, boten ein Bild der Verwüstung. Der Bericht von einer hochschwangeren Frau, die täglich mehrfach vergewaltigt worden war, ließ Ursel erschauern, hätte sie nicht auch ein ähnliches Schicksal treffen können. Und schon wieder traf eine Schreckensmeldung ein. In einem Keller fand man fünf Leichen erschossen, in ihrem eignen Blut. Beim Abtransport zeigte ein Opfer, ein achtzehnjähriges Mädchen, noch Leben in sich. Zehn Tage hatte sie bewusstlos bei ihrer toten Mutter, den beiden Geschwistern und einem Onkel, der die Mordtat beim Einmarsch der Sieger begangen hatte, gelegen.

Ursel machte auf Geheiß viel warmes Wasser. Mit all den blutverkrusteten Kleidern wurde das Mädchen vorsichtig in die Wanne gelegt. Nach und nach lösten sich Stoff und Blut von dem Körper, und die verheerenden Folgen dieses Verbrechens traten zu Tage. War der Körper nur ausgetrocknet und abgemagert, so sah das Gesicht doch entsetzlich aus. Zwei Löcher verunzierten die Schläfen. Ein kleines Einschussloch und entgegengesetzt eine große Wunde, an der die Kugel wieder ausgetreten war. Die Augäpfel waren blutunterlaufen und das Gesicht angeschwollen.

Das Opfer war wieder bei Bewusstsein und ansprechbar und konnte mit leiser Stimme auch kurze Antworten geben. Zuerst sollten die verfilzten und verklebten Haare abgeschnitten werden, doch Ursel empfand das als eine weitere Brutalität.

In stundenlanger Behandlung konnte wenigstens der Kopfschmuck erhalten bleiben.

Mathilde mit ihren drei Kindern und den etwa fünfzig Leuten aus ihrer Heimat hatten sich nun Dank der Hilfe der Ein-

heimischen in der kargen Unterkunft versucht, etwas einzurichten. Gingen anfänglich die besorgten Blicke der Leute noch oft in den blauen Frühlingshimmel. Keiner wollte der unheimlichen Ruhe trauen. Der Krieg war immer noch nicht zu Ende, und immer noch konnten die gefürchteten Tiefflieger über dem kleinen Erzgebirgsdorf auftauchen. Lange war bekannt, dass nicht nur militärische Ziele gesucht wurden und, ganz abgesehen von Wohngebäuden, auch Zivilisten, wo auch immer, aus der Luft beschossen wurden. Und welcher der Siegermächte würde dieses Fleckchen Erde einnehmen? Aber alles blieb ruhig. Die Nachricht von der Kapitulation wurde erst zwei Tage später bekannt. Und Mathilde versenkte in der Nacht die Gewehre im Feuerlöschteich.
Um nicht die Bevölkerung zu gefährden, verließ die versprengte und vergessene Truppe bei Nacht und Nebel den Ort, der wie eine Insel der Glückseligkeit wirkte. Die Verlassenheit und Abgeschnittenheit machte sich in dem Niemandsland aber bald bemerkbar. Die Lebensmittel wurden knapp. Brot gab es nur noch scheibchenweise, und die wenigen Kartoffeln mussten sinnvoll gestreckt werden.
Den Dorfbewohnern ging es nicht besser, sie waren ja auch immer arm gewesen, und im Frühjahr hatten auch sie die Wintervorräte aufgebraucht. Mathilde sorgte weiter für ihre Schützlinge, und manchmal drohte es über ihre Kräfte zu gehen. Stimmen wurden laut: „Wir können doch jetzt wieder nach Hause, da werden wir keinen Hunger leiden."
Und eine Frau sagte: „Die Steckzwiebeln und die Kartoffeln müssten schon lange in der Erde sein, bei der Wärme keimen sie aus und gehen kaputt." Mathilde sann Tag und Nacht nach, ob die erschöpften Menschen den langen Fußmarsch ohne Lebensmittelreserven schaffen.
Da kam der Bürgermeister und flüsterte Mathilde ins Ohr. „Nehmen Sie schnell zwei Wassereimer und kommen Sie mit." Als Mathilde mit dem Mann auf den Hof kam, waren dort

gerade zwei Pferde geschlachtet worden. Aus einem großen Bottich durfte sich Mathilde das Pferdeblut in die Eimer schöpfen. Es kostete sie eine wahnsinnige Überwindung, doch ihr Verstand sagte ihr, damit werden meine Leute für Tage richtig satt und kräftig, und wir können es wagen, nach Hause zu kommen. Mathilde war aber froh, weder Kinder noch andere mitgenommen zu haben. Es war ein schlimmer Anblick gewesen. Da lagen die Felle und die Hufe und die Eingeweide achtlos hingeworfen. Die Fliegen saßen und schwirrten bei den süßlichen Geruch ausströmenden Schlachtteilen. Aber im Lager war die Freude groß, und Mathilde briet das mit Salz und Pfeffer gewürzte Blut.
So satt wie an diesem und dem folgenden Tag waren die Menschen schon lange nicht gewesen, und am übernächsten Tag ganz in der Frühe konnte der Heimweg beginnen. Christof hatte irgendwo einen zweirädrigen Pflug gefunden und ihn umgebaut, mit einer hölzernen Persilkiste und zwei Schiebestangen versehen. Mathilde hatte sich noch einen alten hochrädrigen Kinderwagen gesichert, und die paar Habseligkeiten waren untergebracht. Alle hatten sich etwas Fahrbares besorgt, und für den alten amputierten Mann war ein Fahrrad, wenn auch ohne Bereifung, organisiert worden.
Die Dorfbewohner gaben Mathilde noch einige Lebensmittel, die sie selbst entbehren konnten. Zwei Tüten Salz und vier Tüten Zucker, etwas Mehl und Eipulver. Alle waren froh gestimmt, als sie sich bei gutem Wetter Ende Mai auf den Heimweg machten. Nur Mathilde hatte kein gutes Gefühl, sie wusste, zu Hause würde sie nichts Gutes erwarten. Doch ihren Auftrag, für die ihr Anbefohlenen da zu sein, würde sie in jedem Falle erfüllen.

Der frische Morgen und die Euphorie, bald zu Hause zu sein, trugen zu einem zügigen Vorwärtskommen bei, zumal es ja auch immer bergab ging. Die Kinder ab drei Jahren fassten sich fröhlich bei den Händen und sangen die Lieder, die sie kannten. In menschenleeren Gebieten kam es nicht auf den Text an. Aber wenn sie jemandem begegneten oder durch Ortschaften kamen, passten die Mütter schon sehr auf, dass ihre Kinder nicht etwa das Lied anstimmten: „Wir haben einen Führer und keiner ist ihm gleich, kein besserer ist zu finden im ganzen Deutschen Reich."

Das Niemandsland war überschritten. Endlos die rechts und links der Straße ziehenden Menschen. Abgemagert, zerlumpt, strömten alle einer vermeintlichen Heimat zu.

Die ersten russischen Soldaten tauchten auf und begleiteten das wandernde Volk und beschützten sogar die deutschen Flüchtlinge vor Übergriffen der eigenen Leute oder Vergeltungsangriffen der aus den Konzentrationslagern befreiten Ausländern. Großes Erstaunen. Gab es wohl doch noch etwas anderes als die sowjetischen Untermenschen, wie es der Nationalsozialismus allen Deutschen einzuhämmern verstanden hatte? Zwei Tage waren sie nun schon unterwegs. Das Thermometer stieg am Tage über dreißig Grad an, und die Nächte waren warm.

Ein ätzender Verwesungs- und Brandgeruch erfüllte die Luft. In den Straßengräben lag immer öfter ein in Verwesung übergehender Tierkadaver, und menschliche Extremitäten bedeckten die Straßenränder.

Mancher Magen drehte sich dabei um. Mathilde gab bei der Rast auf einem Dorfplatz, der auch frisches Wasser bot, die Divise heraus: „Schaut nicht rechts und nicht links, sondern nur immer geradeaus und bleibt dicht zusammen." Christof und ein paar gleichaltrige Jungen gingen zum Schutz am Ende und passten auf, dass keiner zurückblieb. Mathilde und alle Kinder machten den Anfang. Die Straßenmitte musste immer für Militärfahrzeuge frei bleiben. Die Kinder hatten das Singen eingestellt, liefen aber trotz Müdigkeit tapfer weiter.

Am späten Nachmittag, Mathilde schaute schon nach einer Übernachtungsmöglichkeit aus, hielt ein russischer Kübelwagen vor ihnen, und drei Soldaten sprangen heraus. Oh, was für ein Schreck für Mathilde und ihre Leute. Die Männer hatten für deutsche Begriffe sehr unordentliche und schmutzige Uniformen an und stanken undefinierbar. Freundlich gingen sie auf die Kinder zu, hockten sich hin und erzählten ihnen etwas in einer völlig fremden Sprache. Dann holte ein Soldat eine Mundharmonika aus der Hosentasche und spielte ein russisches Lied, und seine beiden Kameraden sangen dazu. Skeptisch beobachteten die Erwachsenen die Szene, doch den Kindern machte es Spaß. Bald fasste ein Soldat ins Auto, holte ein Kommisbrot hervor, brach Stücke davon ab und verteilte sie unter die junge Schar. Anschließend fuhren die jungen Rotarmisten fröhlich winkend davon. Lange konnten die Leute nicht begreifen, was da geschehen war. Kurz vor Dresden fanden die Menschen Unterschlupf für die Nacht in einer Scheune, um am nächsten Tag wieder unbeschreibliches Elend zu erfahren. Noch musste über Trümmer in der zerbombten Stadt gestiegen werden, und auch hier hielt sich in der Luft noch immer der unangenehme Geruch von Feuer und Leichen. Dann diente ein Schuppen wieder zur Nachtruhe.

Vierzig Kilometer legte die kleine Truppe am folgenden Tag zurück, bis sie in ihrem ersten Zuhause nach der Flucht ankamen. Die Kinder waren sehr erschöpft, doch als sie den Ort erkannten, trällerten sie: „Jetzt sind wir wieder zu Hause." Die Mütter konnten es nicht verstehen, hatten ihre Kinder die schlesische Heimat schon vergessen?

Tiefe Wunden hatte auch hier das Kriegsende hinterlassen, aber die Wanderer fanden alle bei ihren ehemaligen Wirtsleuten Unterkunft, und die Wiedersehensfreude war groß.

Mathilde hatte in all den Wochen viel an ihren Mann gedacht, ob er noch am Leben ist. Auch um Ursel machte sie sich Sorgen, und sie hoffte sehr, ihre Tochter auf dem Gutshof wieder zu finden. Am nächsten Tag machten sich Mathilde, Christof, Eleonore und Friedrich auf, um Ursel zu suchen. Es war Sonntag, und das Mädchen war in ihrer Mansardenkammer, um sich frisch zu machen. Als sie wie zufällig aus dem Fenster sah, erblickte sie ihre Familie, wie sie zögernd über den Gutshof kam. Nichtachtend, dass sie nur im Unterrock war, raste sie die Treppe hinab und fiel ihrer Mutter und den Geschwistern vor dem Herrenhaus weinend um den Hals. Es gab sofort Schelte von der Bäuerin wegen der unwürdigen Bekleidung. Mathilde stellte gleich energisch klar: „Ursel kommt augenblicklich mit. Packen Sie ihr was ordentliches zu essen ein, denn wir haben noch einen weiten Weg."

Ursel bekam ein halbes Brot und eine Frühstücksbrotbüchse mit Weißkäse, in dem eine verkümmerte, geräucherte Grützwurst eingebettet war. Jetzt war Ursel doch froh, auf ein älteres Hausmädchen gehört zu haben, sie hatte mit deren Hilfe sich einen hübschen Vorrat getrocknetes Brot angelegt, der jetzt auch der Mutter und den Geschwistern zugute kam, und bei der kläglichen Wegzehrung werteten Mutter und Tochter auch dies nicht als Diebstahl, es war einfach Mundraub.

Schon im Erzgebirge waren einige junge Mütter mit ihren Säuglingen zurückgeblieben. Mitleidige Dorfbewohner hatten sie aufgenommen, die Strapazen hätten für die Babys tödlich sein können. Nun gaben auch die letzten mit ihren jungen Kindern auf, nachdem sie mit Hilfe der sowjetischen Dorfkommandantur private Unterkunft genehmigt bekommen hatten. Die anderen mussten nach einer Woche Pause weiterziehen. Noch glaubten alle, zu Hause in Schlesien wird es ihnen wieder gut gehen, ihre Häuser und Äcker werden sie wieder vorfinden und selbst, da die Mitte des Juni schon überschritten war, konnte man noch Gemüse und Kartoffeln anbauen.

Es war aber auch ein Sommer, der für die wenigen bestellten Flächen auf dem kriegsverwüsteten Land eine überdurchschnittliche Ernte versprach. Wärme und Sonne am Tage, gegen Abend und Nachts erfrischenden Gewitterregen. Das ganze Land war wie ein großes Gewächshaus.

Nur fünfzehn bis zwanzig Kilometer, manchmal weniger, legte der Treck um Mathilde zurück. Die Nahrungssuche glich denen wilder Tiere, und es mutete an, als würden Urinstinkte geweckt.

Auch die Kinder hielten die Augen offen, um etwas Essbares zu entdecken. So fanden sie hinter einem Haus eine große Stelle mit relativ jungen Brennnesseln. Diese gekocht und wie Spinat verspeist, bedeutete für die Leute ein Festmahl, denn jede Familie achtete darauf, wenigstens immer eine Reservemahlzeit Kartoffeln bei sich zu haben. Mathilde führte die Menschen oft abseits der großen Straße zu Dominiushöfen. Hier waren die Kartoffel- oder Rübenmieten noch nicht oder wenig geöffnet worden, und wenn die Früchte größtenteils nicht mehr genießbar waren, fand man doch immer noch Verwertbares, was den Magen füllen konnte.

Auch waren die großen Scheunen, wenn sie nicht, wie sooft ein Raub der Flammen geworden waren, noch reichlich mit Heu und Stroh gefüllt und für die heimatlosen Wanderer wunderbare Schlafplätze. Ansonsten war alles wie tot. Kein Mensch, kein Vieh, ja nicht einmal eine Taube auf dem Dach, oder ein Spatz oder eine Maus waren zu sehen. Alles hatten die Kriegskämpfe zunichte gemacht. Überall begegnete man provisorischen, aus Feldsteinen gebauten Feuerstellen, und Mathilde ermahnte ständig, alles abzukochen. Noch hatte keiner Durchfall.

In den noch erhaltenen Herrenhäusern lebten russische Offiziere mit ihrem Tross, und wenn es sie gelüstete, schickten sie ihre Adjutanten in die Scheunen, um zu ihren nächtlichen Feiern deutsche Mädchen zu holen. So auch eines Nachts.

Die vier jungen Mädchen, davon auch Ursula, hatten sich ihr Gesicht voll Dreck geschmiert und die Haare verwüstet und sich eng zwischen die Älteren gelegt. Sie stanken schrecklich, und die Mütter riefen: „Krank, krank." Die Soldaten zündeten immer wieder Streichhölzer an, um die Mädchen zu fin-

den. Die niedergebrannten Hölzer wurden einfach ausgespuckt und ins Stroh geworfen. Ein Wunder, das Stroh fing nicht Feuer. Eine ältere Frau hatte ein Fläschchen mit Hingfon, damit rieb sie die Mädchen ein, die nun sehr nach Arznei rochen, und man sagte, die Mädchen hätten Diphtherie.
Sofort verließen die Soldaten die Scheune, denn ansteckende Krankheiten mieden sie wie den Teufel. Am nächsten Morgen zog die Karawane eilig weiter, sie waren wieder einmal vor Schrecklichem bewahrt geblieben. Erst äußerte einer Unmut und bald mehrere. „Wenn es einen Gott gäbe, würde er soviel Leid nicht zulassen." Diesen Vorwurf hatte Mathilde schon längere Zeit gefürchtet. Sie hatte in der Zeit der Not wieder beten gelernt, und ihre verschüttete christliche Erziehung war ihr voll zu Bewusstsein gekomen. Äußerlich nicht sichtbar, trug sie nun schwer an den Verfehlungen gegen Gott und den Menschen, und ihr Gewissen ließ sie in stillen Stunden Gott um Vergebung flehen.
Täglich bat sie darum, dass er ihr einen Weg zeige, einen Teil ihrer Schuld abzutragen.
Die Unzufriedenheit ihrer Leidensgefährten boten die Chance. Sie erinnerte sich daran, wie gut sie doch bis jetzt behütet worden sind und stellte ihnen vor, wie viel schlimmer alles sein könnte und aus wie viel schwierigen Situationen, die auch tödlich sein konnten, sie herausgeführt wurden. Sie selbst zitterte dabei, denn in ihrem Heimatdorf würde ihr bestimmt nichts Gutes widerfahren. Und doch, Mathilde hatte ihr großes Vertrauen wieder gefunden und wollte alles tragen, was ihr auferlegt werde. Die Menschen glaubten Mathilde gut zu kennen, doch ihr Sinneswandel, den sie so überzeugend vertrat, versetzte selbst Ursel in Staunen. Je mehr man sich der Görlitzer Neiße näherte, je mehr Menschen waren auf den Straßen. Es waren unübersehbare Massen, die an und über diesen Fluss wollten. Mathilde hatten den Übergang bei der Stadt Muskau gewählt, es war der kürzeste Weg nach Hause.

Die größte Sorge aller war, besteht noch oder wieder eine Brücke. Doch dann sollte es noch ganz anders kommen.
Als die kleine Schar, jetzt schon wieder voller Hoffnung, sich dem Flussübergang näherte, behaupteten entgegenkommende Leute: „Da könnt ihr nicht mehr rüber. Die Polen haben alles abgeriegelt und jagen schon die deutschen Menschen jenseits der Neiße hier herüber." „Nein, wieso denn, wir wollen doch heim", empörten sich die Angesprochenen.
Am Fluss war ein großes Durcheinander. Hilflose Menschen, oft nur in Holzpantoffeln und Arbeitskleidung, andere ein paar Habseligkeiten in den Händen oder auf dem Rücken, manche Mütter hatten nichts als ihre Kinder an der Hand und auf dem Buckel. Aber es sollte noch schlimmer kommen.

Eine Familie hatte in aller Eile einige Habe auf eine Mistkarre geladen, auch die Federbetten, und als Abschluss hatten sie die bettlägerige Großmutter fest mit Stricken darauf gebunden, damit sie nicht herunterfällt.
Die Ausweisung war so überraschend gekommen. In manchen Orten bekamen die Menschen nur zwanzig Minuten Zeit, ihre Wohnung zu verlassen, anderen wurden zwei Stunden zugestanden. Zunächst begriff wohl keiner, was da geschah, bis sich manche Verwandten und Freunde in die Arme schließen konnten, und oft war der Ausruf zu hören: „Gott sei Dank, Ihr lebt noch."
Da stand auch ein rausgeschmissener, katholischer Geistlicher, noch in vollem Ornat, ihm war keine Zeit gelassen worden, es abzulegen. Er sprach auch die Leute um Mathilde an, woher und wohin. Eine Frau sagte: „Aber Herr Pfarrer, mit uns können Sie doch nicht reden, wir sind evangelisch."
„Aber Leute, ist das nicht ganz gleich, wir sind doch alle Christenmenschen."
Mathilde schickte ein leises Dankgebet gen Himmel. Alle waren wieder vor noch größerem Elend bewahrt geblieben.

Auch Ursel begriff, was mit ihnen geschehen war, und sie erinnerte sich der guten Wünsche der geknechteten jüdisch-polnischen Mädchen. Von da an merkte sie, dass es mehr zwischen Himmel und Erde geben muss, als Menschen begreifen können.

Alle in Mathildes Obhut beschlossen nun, eigene Wege zu gehen, und der Treck löste sich mit Wehmut und mancher Träne auf. Wer seine Angehörigen noch nicht hier in Muskau gefunden hatte, wollte sie suchen. Auch Mathilde war froh, die Verantwortung los zu sein. Sie war auch sehr erschöpft und froh, nur noch mit ihren vier Kindern dem weiteren Schicksal trotzen zu müssen. Wenn nur ein Lebenszeichen von Norbert da gewesen wäre. Seine Frau sagte sich immer wieder, egal was passiert ist, sie war ihm immer eine gute Gefährtin gewesen.
Inzwischen hatte die Mutter mit ihren Kinder viele Kilometer zwischen Cottbus und dem Ostrand von Berlin zurückgelegt. Unzählige Menschen waren auf den Straßen unterwegs und wussten nicht wohin, denn die Behörden schickten sie nach Berlin, dort wurden sie abgefangen und zurück nach dem Spreewald geschickt.
Eine Unterkunft für die Nacht gewährten die Gemeinden nur von achtzehn Uhr bis morgens um neun.
In den Scheunen der Bauern wurde Unterschlupf gewährt, und ein paar Pellkartoffeln oder eine Gemüsesuppe bereiteten die Wirtsleute oft dem fahrenden Volk, obwohl sie ja auch von den letzten Kämpfen um Berlin und der derzeitigen Besatzungsmacht schwer gebeutelt waren.
Dann ging Mathilde sogar noch ihr Salzvorrat zu Ende. Irgendwo konnte sie eine Tüte grobes rotes Viehsalz erwischen und auch mit dem musste sehr sparsam umgegangen werden. Ursel gab sich bald als Mutter von dem fünfjährigen Bruder aus, und Friedrich fiel es auch gar nicht schwer, immer „Mutti" zu ihr zu sagen.

Mathilde ließ an verschiedenen sowjetischen Kommandanturen für sich und ihre Kinder oder auch für Ursel und Friedrich extra Dokumente ausstellen, die viele Stempel trugen, je mehr, je wirkungsvoller. Ursel war mit ihren knapp siebzehn Jahren so auch besser vor herumstreunenden Rotarmisten geschützt, und bei jeglicher Annäherung hing Friedrich weinerlich an ihr. Manchen kamen auch Zweifel, dass ein so junges Mädchen ein Kind haben könnte, und ein junger Offizier drohte ihr lachend mit dem Finger: „Aber eine sehr junge Mutter."
Die Kiefernwälder und der märkische Sand strömten herrliche Wärme und einen wundervollen Duft aus, und die kleine Familie verbrachte viele Tagstunden darin, bis sie wieder in einem Ort um Nachtlager ansuchen konnten. Oft kamen sie sich wie Affen vor und lachten herzlich darüber. Mathilde besaß einen Staubkamm und damit wurde den Kopfläusen der Kampf angesagt, besiegen ließen sie sich aber mit dieser Methode nicht. Die Läuse wurden auf ein schwarzes ehemaliges BDM Tuch gekämmt, und wer die meisten erlegt hatte, war Tagessieger und konnte beim anschließenden Romméspiel anfangen. Und immer war man auf der Suche nach etwas Essbarem.
Abseits der Hauptstraßen gab es in den Heidedörfern am ehesten noch etwas zu erbetteln. Es war schon ein Segen, dass es klares Wasser überall gab. An einem Abend bekamen alle Flüchtlinge ein Stückchen von einer angeblich geschlachteten Ziege, vielleicht war sie auch krepiert.
Mathilde erhielt ein Teilchen Rippe mit viel Fett und etwas Fleisch daran. Davon gab es eine kräftige Brühe mit ein paar Kartoffeln und Möhrenstückchen. Doch nach dem Schmaus wurde allen übel, und sie mussten erbrechen, und bald stellte sich auch der gefürchtete Durchfall ein.
Der Magen und Darm hatte diese üppige Mahlzeit nach den langen entbehrungsreichen Wochen nicht vertragen. Mathilde war nur froh, dass sie nicht die gefürchtete Ruhr hatten, denn viele Menschen starben daran.

Sie mied darum, so gut es ging, auch die Latrinen der Gemeinschaftsunterkünfte, eben so genannte Donnerbalken, auf denen jung und alt, Männlein und Weiblein, dicht an dicht ihr Geschäft verrichteten.

Von Zeit zu Zeit wurde Chlorkalk über die Ausscheidungen zur Desinfektion gestreut. Auch waren vereinzelt Suppenküchen eingerichtet. Wasser, rohe geriebene Kartoffeln mit Schale zum Verdicken und etwas Gemüse ohne Salz waren der Bestandteil der Mahlzeiten. Manchmal gab es auch hundert oder zweihundert Gramm Brot pro Kopf oder pro Familie. Ganz langsam wurde dann diese seltene Köstlichkeit gekaut.

Der Sommer hatte seinen Höhepunkt schon lange überschritten. Die reifen Augustäpfel waren für das fahrende Volk eine gesunde Nahrungsquelle, immer noch konnten alle barfuß gehen und was sie an Schuhwerk besaßen für die kältere Jahreszeit aufheben.

Die Hitze und Sonne hatten aber auch die Teerstraßen heiß und flüssig werden lassen, und manche Füße hatten arge Brandwunden.

Mitte August wurde Ursel siebzehn Jahre alt. Gerade da ging es ihr, den Geschwistern und der Mutter wieder einmal nicht gut, und Ursel weigerte sich, an diesem Tage betteln zu gehen. Im Frühsommer hatten sie auf einem Feldweg ein Häufchen Leinsamen gefunden, es mühevoll aufgelesen, gesäubert und in einer Tüte aufbewahrt. Damit und einer kleinen Flasche ging Ursel ganz allein zu einer entlegenen Ölmühle.

Zwei ältere verwahrlost aussehende Männer fragten nach ihrem Begehren. Ursel zeigte den Leinsamen und bat um etwas Öl dafür. „Fräulein, wie können Sie sich hierher wagen? Die Mühle betreiben die Russen. Wenn die Sie hier erwischen, sind Sie fällig und wir werden erschossen." „Aber ich habe doch heute Geburtstag und hoffte, ich habe Glück", stotterte Ursel. Sie nahmen ihr die Flasche aus der Hand, verschwanden und kamen gleich darauf mit dem bis an den Rand ge-

füllten Gefäß wieder. „Nimm, und lauf so schnell Du kannst durch den Wald. Lass Dich nicht erwischen und sage keinem, wer Dir das Öl gegeben hat. Den Leinsamen nimm wieder mit, er würde uns verraten."
Ein kurzes Danke, und Ursel war verschwunden.
Indes hatte Mathilde versucht, ein paar Kartoffeln aufzutreiben, und eine Frau gewährte ihr, sich aus dem Schweinefutter ein paar herauszusuchen. Als Ursula mit dem Öl ankam, sollten gleich Bratkartoffeln gemacht werden. Beim Abpellen stellte Mathilde fest, die Kartoffeln waren sauer, und das Festmenü musste ausfallen. Viele Demütigungen nahmen die Menschen hin. An einem Sonntag hatte Mathilde wieder ein gehöriges Tief und Körper und Seele waren erschöpft. Die Kinder merkten es und übernahmen das Kommando. „Mutti, Du bleibst mit den Sachen hier am Straßenrand im Schatten sitzen, und wir gehen in das abseits gelegene Dorf betteln und bringen Dir bestimmt etwas mit."
Mit zwei Kochgeschirren bewaffnet, machten sich die Geschwister auf den Weg. Sie erreichten ein Zeilendorf, und so nahmen Christof und Eleonore die linke Seite und Ursel und Friedrich die rechte Seite. Bald verloren sich die Kinder aus den Augen. Auf beiden Seiten mussten sie viele Absagen einstecken. Wie: „Wir sind gerade fertig mit dem Essen", oder „den Rest bekommt bei uns der Hund", und so weiter. Einmal sah Ursel noch ihren Bruder im Schulhaus verschwinden. Dem Lehrer und seiner Familie gefielen die Kinder. Sie mussten erzählen, woher sie kamen. Sie berichteten auch von ihrer Mutter, die ein paar Kilometer entfernt auf sie wartet und sehr erschöpft ist. Indessen legte die Frau noch zwei Gedecke auf, ließ die Kinder sich waschen, um dann zusammen ein wundervolles Sonntagsessen zu verspeisen. An Tischsitten fehlte es den Kindern nicht, und das Lehrerehepaar hatte ihre helle Freude.
Nur zögernd langten Eleonore und Christof zu, was die Lehrerleute recht verwunderte, doch bald sollten sie die Zurück-

haltung verstehen, nachdem sie erfahren hatten, was ihnen nach dem Genuss des Ziegenfleisches passiert war, und Friedrich bat gleichzeitig, etwas Essen für die Mutter im Kochgeschirr mitnehmen zu dürfen. Diese Bitte wurde gut und reichlich, u. a. mit einem ganzen Hühnerbein, erfüllt. Froh brachten die Geschwister es der Wartenden mit. Aber noch waren Ursel und Friedrich nicht da, ob sie wohl etwas bekommen haben, ging es Mathilde durch den Kopf. Nach einiger Zeit aß sie alles auf und fühlte sich wieder recht wohl.

Indessen waren die beiden anderen Geschwister bis ans Ende der Ortschaft ohne Erfolg gekommen. Nur noch ein Gasthaus stand da. Sie hatten schon allen Mut verloren und fragten zaghaft nach etwas Essbarem. An einer langen Tafel saßen mindestens zwölf Erwachsene und Kinder, und der Hausherr hieß Ursel und Friedrich hereinkommen. „Es ist so schade, dass Ihr nicht zehn Minuten früher gekommen seid, nur ein Kloß, etwas Soße und Gemüse ist noch da, komm Kleiner, setz Dich her, damit wenigstens Du noch etwas bekommst." Ursel stand hinter dem Stuhl, freute sich, dass der kleine Bruder wenigstens etwas bekommen hatte, und dabei nagten Hunger und Appetit auch sehr an ihr. Der Verzicht fiel ihr schon schwer.

Als Mathilde erfuhr, wie es ihnen ergangen war, konnte sie die Tränen doch nicht zurückhalten, und sie machte sich Vorwürfe, nicht etwas von ihrem üppigen Mahl ihrer Tochter zurückgelassen zu haben. Andere Herumziehende fragten nach dem Kummer. Und eine junge Frau reichte Ursel ein Schüsselchen frischen Quark, der dankbar angenommen wurde. In der Not half jeder jedem, denn es ging ja buchstäblich ums nackte Überleben aller.

Gestohlen wurde nur als Mundraub, und als Mathilde mit ihren Kindern mal über einem Pferdestall im Heu eine Nacht verbrachten, schlich sich Christof zu der Futterkiste, in der gequetschter Hafer für die Tiere lagerte. Schnell stopfte er sich ein kleines Säckchen mit dem Pferdefutter voll. Tagelang konnte sich die Familie davon morgens eine Wasserschleimsuppe kochen.

Norbert, der sensible Mensch, fand sich nach außen wohl in sein Schicksal, doch oft saß er an seinem Erdloch und grübelte, und der Galgenhumor der Kameraden konnte ihn nicht aufheitern. Die einigen tausend gefangenen Männer lagen auf freiem Feld und hatten sich zum Schutz vor jeglichem Wetter eine Erdmulde mit den bloßen Händen gegraben. Wer bei seiner Ausrüstung noch eine Zeltplane besaß, konnte sich glücklich schätzen, und manchem Kameraden wurde Unterschlupf gewährt. So auch Norbert. Der Sportplatz und das anschließende Feld war mit einem hohen Stacheldrahtzaun umgeben, und es hieß, er sei elektrisch geladen. Morgens gab es einen Becher Bohnenkaffee und eine Schnitte Brot und Mittags dasselbe. Das war alles für den Tag, und die Sonne brannte unerbittlich auf die wehrlosen Männer herab. Wenn es regnete, wurden alle verfügbaren Behälter zum Auffangen von ein paar Regentropfen genutzt, ebenso das Wasser, was sich in den Schlafplätzen sammelte. Alle hatten Angst vor der Ruhr, die täglich eine Reihe der Lagerinsassen dahinraffte. Einmal in der Woche benutzte Norbert seinen heißen Morgenkaffee zum Rasieren, und nach einiger Zeit hatte auch Norbert eine eigene Zeltplane, die von einem Verstorbenen liegen geblieben war.
Tage nach Kriegsende erfuhren die Männer erst von der Kapitulation, die sie in ihrem Elend kaum noch berührte. Norberts Gedanken kreisten nur um Frau und Kinder, ob sie noch am Leben waren.
Er selbst hatte sich geschworen, unter allen Umständen zu versuchen, die Hölle zu überleben. Nicht selten kam es, dass einer der Männer verrückt wurde und sich selbst tötete. Nach einigen Wochen hatte sich wohl das internationale Rote Kreuz eingeschaltet. Wenn auch noch nicht täglich, gab es eine war-

me Mahlzeit und mehr Flüssigkeit in Form von Wasser und Tee. Wessen Kreislauf diese Durststrecke überstanden hatte, konnte sich etwas erholen. Mitte August begannen die ersten Entlassungen, und Norbert war dabei. Wenn er auch nie ein Riese gewesen war, wog er jetzt nur noch beängstigende neunundreißig Kilo.

Die amtlichen Entlassungspapiere erschlossen den Heimkehrern allerlei Annehmlichkeiten. Überall freie Unterkunft und Verpflegung, und auch die Bahnfahrt war bis zum angegebenen Heimatort kostenlos. Norbert wollte nach Berlin.

Viele Bahnstrecken waren aber noch nicht befahrbar, und so war Norbert auf seine Füße oder dem Mitleid einer der wenigen Autofahrer angewiesen. Meistens suchte er Quartier in einer Försterei und wurde bei seinen Berufskollegen immer gut betreut.

Einer wusste sogar eine freie Revierförsterstelle in der Rhön, die Norbert gleich antreten konnte, aber er nahm sie vorerst nicht, das Auffinden seiner Familie erschien ihm wichtiger. Als der Förster nun in die Gegend östlich Berlins kam, traf er oft Leute aus den umliegenden Dörfern seiner schlesischen Heimat. Diese bestätigten ihm, dass seine Frau mit allen vier Kindern auch in dieser Gegend gesehen worden ist. Da war Norbert schon sehr erleichtert.

Er brachte aber bald nicht mehr die Geduld zum langen Suchen auf. In einem Ort holte er sich beim Bürgermeister wieder einen Nachtquartierschein, und mit einigen anderen, die ihn noch von zu Hause kannten, schlief er in einer Scheune. Lange erzählte er sich mit den Leuten, aber wo Mathilde zur Zeit war, konnten sie ihm auch nicht sagen. Viele Zettel mit Suchanzeigen waren an die Straßenbäume geheftet, doch von seinen Leuten hatte er nichts gefunden. Nun wollte er sich nach Berlin wenden. Dort in Zehlendorf lebten seine Tanten noch wie eh und je und die Freude war groß, als sie „ihren Jungen" begrüßen konnten.

Gerade war man wieder einmal in einer Scheune eines Spreewalddorfes erwacht und wie viele andere Heimatlose war der erste Weg zu der Pumpe, um sich zu waschen. Auch von der Nachbarscheune kamen Leute und plötzlich rief jemand: „Frau Förschtern, Frau Förschtern, haben Sie Ihren Mann gefunden?" Ein erstauntes „Nein, wieso?" war Mathildes Antwort. Gerade in dieser Nacht hatte sie wieder von Norbert geträumt und ihn ganz deutlich vor sich gesehen. „Der hat doch heute Nacht mit uns in der Scheune geschlafen, ist sehr früh weg, er hat Sie schon lange gesucht. Nun ist er nach Berlin zu den Verwandten, wenn diese noch leben, Sie sollen dort hinkommen."
Ach, war Mathilde froh, und sie entwickelte Kräfte, die sie selbst nicht mehr für möglich gehalten hatte. Die Bauern, in deren Scheune sie genächtigt hatten und ihnen einen Topf Kaffee und ein paar Brote mit Apfelmus anboten, hörten sich diese phantastische Geschichte an und überlegten, wie der Frau zu helfen war. Der eine Zug, der am Tage von Lübben nach Berlin fuhr, war so voll, dass sich die Reisenden teilweise auf den Waggondächern, den Trittbrettern und den Puffern aufhalten mussten.
Diese gefährliche Fahrt wollte Mathilde lieber allein machen. Im Dorf konnten ihre Kinder auch nicht bleiben, denn nach neun Uhr wurden alle Gehöfte und Häuser von der Polizei abgesucht.
Da wurde Mathilde geraten, doch zu dem etwas abseits im Wald gelegenen Forsthaus zu gehen, und man war sich sicher, der Förster könnte einen Ausweg finden.
Und es war auch so, Ursel, Christof, Eleonore und Friedrich wurden in einer Bodenkammer versteckt und durften sich erst in den Abendstunden ins Freie wagen. Wenn auch das ganze Haus schon mit Verwandten aus dem Osten und anderen rechtmäßig auf Dauer eingewiesenen Flüchtlingen vollgestopft war, gingen die Förstersleute auch noch das Risiko ein, vier Personen schwarz unterzubringen.

Natürlich machten sich Ursula und Christof so nützlich wie es ging. Schon am zweiten Tag kochte Ursula für einundzwanzig Personen Klöße aus rohen und gekochten Kartoffeln mit süßsaurem Kraut und braunen Zwiebeln.
Christof wurde indes als Aufpasser ausersehen. Wenn sich Personen der Försterei nähern, dann müssten die Geschwister in die Kammer verschwinden und ein Kleiderschrank wäre vor die Tür geschoben worden. Doch nichts ereignete sich.
Drei Tage dauerte das Warten auf die Eltern. Als Mathilde in Berlin ankam, bot sich ihr ein ähnliches Bild wie in Dresden, aber die Straßen waren schon von den Trümmern befreit, und Mathilde konnte nach einiger Zeit Fußmarsch ohne Gepäck den Stadtteil Zehlendorf erreichen. Es tat ihr richtig gut, hier kaum ein kaputtes Haus zu sehen, ja, es war fast alles wie früher, und schon klingelte sie an der Wohnungstür der alten Tanten. War das eine Wiedersehensfreude, und die Nacht verbrachten die Eheleute eng aneinandergeschmiegt auf einem schmalen Sofa, aber was tat das schon.
Noch einen Tag wollten sie sich erholen, um dann zu ihren Kindern zu fahren. Norbert blühte richtig auf, als er seine Lieben wieder beisammen hatte, und er zitierte die Feuersbrust aus „Die Glocke" von Schiller: „Er zählt die Häupter seiner Lieben, und sieh, ihm fehlt kein einsges Haupt." Nun bekam die Familie auch vom Bürgermeister drei Tage Aufenthaltsrecht im Ort, und weil Norbert Heimkehrer mit gültigen Papieren war, bekam er, aber eben nur er, auch einige Lebensmittel.
Sehr freuten sich die Bauersleute, dass durch ihr Zutun eine Familie so glücklich zusammen gefunden hatte. Die ihnen zugestandenen Übernachtungen verbrachten die Eltern mit ihren Kindern wieder im Stroh. Die ihnen angebotenen schönen Betten lehnten sie ab, denn mit der Zeit hatten sich bei ihnen zu den Kopfläusen auch noch Filzläuse gesellt, die sollten nicht auch noch in die Schlafzimmer der guten Leute geschleppt werden.

Norbert und Mathilde hofften, weiter westwärts eine Entlausung mit dem bewährten Mittel „Kuprex" durchführen zu können. Die siebenjährige Eleonore klagte über Kopfschmerzen und hatte einen heißen Kopf. Die Entscheidung, so rasch wie möglich in die Rhön zu kommen, setzten die sechs Menschen sofort in die Tat um. Ehe das Kind noch mehr krank würde, mussten die Eltern mit ihr zu einem Arzt, der in der Spreewaldgegend kaum aufzutreiben war, und an Medikamente war auch nicht zu denken.

Mathilde, Norbert und ihre Kinder hatten das Dritte Reich, was tausend Jahre währen sollte, überlebt. Nun beschlossen sie, in Richtung Westen zu ziehen und hofften, dort ein neues Leben beginnen zu können und die kleine Tochter wieder gesund würde.

Nachkriegsgeschichte

Die sechsköpfige Familie lief langsam auf einer langen geraden Landstrasse dahin. Misstrauisch verfolgten die Blicke der Einwohner, des eben hinter sich lassenden Kleinstädtchens Mitteldeutschlands, die kleine Gruppe. Es war im Spätsommer 1945 und man stellte diese oder jene Vermutung bei dem hier so ungewohnten Bild an. Zwar hieß es: „Das sind Flüchtlinge", doch bisher waren Flüchtlinge immer mit der Bahn eingetroffen. Es waren Menschen aus dem Sudetenland, Schlesien, Pommern und sonstigen Ostgebieten. Aber zu Fuß mit ein paar Habseligkeiten in einem zweirädrigen Karren? Vielleicht waren es Zigeuner oder sonst ein Abschaum der Menschheit? Hier kannte man das Elend und die Not der herumirrenden Heimatlosen nicht. Weiter östlich um Berlin herum und an der Oder-Neiße gehörte es zum Alltagsbild. Bis auf einen Luftangriff auf den Bahnhof, mit 28 Toten, war diese unbedeutende Kreisstadt von den Unbilden des Krieges verschont geblieben.

Mathilde und Norbert glaubten sich indes, mit ihren vier Kindern, wie im Paradies und suchten sich am Wegrand ein ruhiges Plätzchen, um die so lange entbehrten Köstlichkeiten zu genießen.

Jedem Familienmitglied hatte man zwei Brötchen, ein Wiener-Würstchen und eine Flasche Malzbier auf dem Rathaus zugeteilt. Es war der 6. September und Mathildes 42. Geburtstag. Viel war den Menschen seit den Januartagen zugemutet worden. Der Hunger und die Obdachlosigkeit stand ihnen ins Gesicht geschrieben.

Die siebenjährige Eleonore war im Gegensatz zu ihrer zehn Jahre älteren Schwester Ursel immer zart und kränklich. Sie musste sich oft erschöpft auf den kleinen Wagen legen und die Geschwister zogen willig die geringe zusätzliche Last. Nahrung konnte das Kind kaum noch zu sich nehmen.

Als Norbert, aus der französischen Gefangenschaft entlassen, auf vielen Umwegen seine Frau und die Kinder auf der Straße gefunden hatte, wollte er mit ihnen in die Rhön. Dort war ihm schon eine Anstellung in seinem Beruf als Förster sicher versprochen worden. Doch mit der kranken Tochter und der fast verhungerten Familie, er selbst wog auch nur noch etwas über 40kg, musste er schnell eine Bleibe finden. Er hatte seine große Tochter mitgenommen um sich bei der Landesregierung zu melden. Die war von der sowjetischen Besatzungsmacht mit deutschen Antifaschisten besetzt worden.

Als Norbert freundlich empfangen wurde, versicherte man ihm: „Stellen sind genug frei." Norbert füllte den ihm gereichten Fragebogen gewissenhaft aus „Warum schreiben sie denn, dass sie in der NSDAP waren?" Ein neuer Fragebogen verschwieg nun die Zugehörigkeit, obwohl der Vater dabei ein ungutes Gefühl hatte. Im Vertrauen wurde es ihm so erklärt:" Forstleute werden so gebraucht, da die Förster auf Befehl der Sowjets fast alle entlassen werden mussten, denn diese bedeuteten für die Besatzer eine Gefahr. Wer kann Heimatvertriebenen schon etwas nachweisen?"
Ein Einweisungsschein in die waldreiche Gegend im Harz wurde übergeben. Zunächst musste aber in der Kreisstadt eine amtsärztliche Untersuchung erfolgen. Auf bitten von Mathilde bekam sie für die ganze Familie einen Entlausungsschein. Es war sehr wichtig, von den zahlreichen Parasiten befreit zu werden. Gleich am nächsten Morgen gingen sie von ihrem für zehn Tage zugewiesenen Quarantänelage, ins Krankenhaus. Dort gaben sie in einem Vorraum alle Kleidungsstücke ab, und dann unter die Dusche. Das Wasser war sehr ölig aber wirkungsvoll und besonders die Haare der Frauen sahen dementsprechend aus. Danach bekamen sie große und klein kratzige, graue Decken umgehangen. Für alle waren es schreckliche Stunden, die auf Holzbänken verbracht werden muss-

ten, bis die Sachen in der Desinfektionskammer fertig waren. Inzwischen hatten sich zahlreiche Menschen für die gleiche Prozedur eingefunden. Alte Männer und Frauen, die sich teilweise ihre Köpfe schon selbst kahl geschoren hatten. Alle vollkommen nackt und besonders für Ursel ein erschütterndes Bild. War sie doch bis jetzt nur mit schönen, jungen Körpern konfrontiert worden. Und nun sah sie, besonders bei den Frauen schlaffe Brüste, Hängebäuche voller Falten, die Beine krumm und blau mit dicken Krampfadern. Alle kamen aus dem gleichen Lager. Die Verpflegung war zwar sehr dürftig, aber wenigstens gesichert, und die Schlafstellen in dem großen Raum mit Stroh ausgelegt. Die Latrine befand sich unten im Hof. Alle waren froh und zufrieden nun ein Dach über dem Kopf zu haben.

Da saßen sie nun im Straßengraben und stärkten sich für den Marsch ins Gebirge. Eleonores Portion hatten die Geschwister verspeist. Die Sonne meinte es gut und die unberührt, anmutende Natur der dichten Bergwälder ließen besonders die drei gesunden Kinder die zurückliegenden Unbilden vergessen. Alle liefen barfuß, denn das eine Paar Schuhe musste für die schlechte Jahreszeit geschont werden. Die Fußsohlen waren so gut trainiert und hatten eine dicke Hornhaut bekommen, dass ihnen Unebenheiten und Steine nicht gefährlich werden konnten.
Sehr erschöpft, denn alle Kraftreserven waren besonders bei Mathilde und Norbert verbraucht, ganz abgesehen von dem vollkommen apathisch, dahindämmernden Kind, zeigten Einwohner eines Dorfes die Försterei.
Eine Bauersfrau meinte:" Unser Förster und seine Frau helfen allen, ihr könnt sicher sein, auch euch wird geholfen," und sie war die Leute los.
Zaghaft klopfte Norbert an die Haustür und stellte sich vor. Es fiel ihm sehr schwer als Bittsteller dazustehen, war er doch

zu Hause immer der Gebende gewesen und nun war alles ins Gegenteil umgeschlagen. Sofort wurden alle herein gebeten und wie bei guten Freunden aufgenommen.
Tat das gut – als Mensch ohne Wenn und Aber anerkannt zu werden.
Nach einem warmen Bad und einem guten Abendbrot lagen die drei Jüngsten in frisch bezogene Betten. Obwohl Eleonore weiter von starken Kopfschmerzen und Fieber geplagt war, bestaunte besonders sie die sauber gestrichenen Wände und die Bilder daran. Die schneeweiße Decke kam ihr vor, als sei sie im Himmel. Glücklich schlief sie bald ein, wie ihre Geschwister auch. Der Sohn des Hauses hatte sich nett um Ursel gekümmert und die Erwachsenen saßen in der Wohnstube, als der Förster des Nachbarreviers eintrat. Kurze Vorstellung und dann ein großes Wiedererkennen. Norbert hatte mit seinem Amtskollegen vor vielen Jahren gemeinsam die Forstschule besucht. Die Vergangenheit lebte auf und Erinnerungen wurden ausgetauscht. Das schon mutlose Ehepaar empfand wieder seit langem echte Freude und der fast verschüttete Lebensmut bekam positiven Aufschwung.
Oh, nun konnten die Flüchtlinge am nächsten Morgen, ausgeschlafen mit einem kräftigen Frühstück im Magen, gut marschieren und um die Mittagszeit hatte man das endgültige Ziel erreicht.
Und wieder standen Bewohner neugierig staunend auf der Dorfstraße oder sahen verdeckt von Gardinen aus dem Fenster. Eine eisige Ablehnung, die fast, körperlich weh tat, war der Empfang in dem von Amtswegen zugewiesenen Domizil. Wo gab es denn hier den Bürgermeister? Als Norbert die ersten danach fragte, drehten diese sich einfach weg. Verstanden sie im Herzen Mitteldeutschlands kein Deutsch? Die Leute fühlten sich in ihren Gewohnheiten und in ihrer Ruhe gestört und wollten es nicht hinnehmen, von den hergelaufenen Habenichtsen belästigt zu werden. War es nicht schon

genug, wenn die kleine Gemeinde drei heimatlose ehemalige Soldaten aufgenommen hatte? Die waren wenigstens noch jung und konnten bei den Bauern für Unterkunft und Verpflegung arbeiten. Doch dieser dürftige Haufen, der sich auch noch Menschen nannte, passte einfach nicht hierher.
Endlich hatte Norbert den Bürgermeister, einen wohlgenährten Bauern, gefunden. Er musste wohl oder übel das amtliche Einweisungsschreiben akzeptieren.
„Aber wohin mit euch? Sechs Personen sind zuviel", erklang es nicht gerade freundlich. „Wir werden nur fünf sein, meine älteste Tochter fährt gleich wieder weg", mischte sich Mathilde ein. Norbert gab es einen Stich, und der Bürgermeister dachte bei sich, sie wäre die einzige Brauchbare von ihnen gewesen. Also zunächst in eine Bierwirtschaft.

Der unfreundliche Wirt weigerte sich mit einer Schimpfkanonade diese Rumtreiber aufzunehmen. Sollten sie doch dahin zurück gehen, wo sie hergekommen sind. Schließlich wurde der kleine Tanzsaal beschlagnahmt, wobei das Dorfoberhaupt sich auch keine Freunde machte. Er saß zwischen zwei Stühlen. Ein Tisch und sechs Stühle wurden freigegeben, nur sie durfte die Familie benutzen. Mürrisch brachten die Bauern einige beschlagnahmte Bündel Stroh. Dabei brummten sie, „und was sollen wir unserem Vieh einstreuen?" Zur Verrichtung der Notdurft fand man einen verbeulten alten Eimer. Der Wirt hatte bei Androhung von Prügel, die Benutzung des auf dem Hof befindlichen Plumpsklos verboten. In einer Ecke stand ein hoher eiserner Ofen, der als Wärmequelle und Kochstelle diente. Norbert bezeichnete ihn humorvoll „Harzer Kogrille".
Die guten Leute des vorherigen Nachtquartiers hatten Brot und Schmalz mitgegeben und Wasser fand man im Dorfbrunnen. Von den sechs eigenen Schlafdecken breitete Ursel und ihr dreizehnjähriger Bruder Christof drei über das Stroh, die restlichen drei dienten als Zudecken. Eleonore kuschelte sich

ganz fest an die Mutter. Die vergangene Nacht blieb wie ein schöner Traum in ihrer Erinnerung. Friedrich der fünfjährige, rutschte zur großen Schwester. Etwas Trauer empfanden beide, denn bald musste man sich wieder trennen. Vater und Christof blieb die letzte Decke.
Bis Montag hatte sich Ursel noch eine Bleibefrist gesetzt. Sie wusste, ihre Familie für die sie bis zum Eintreffen des Vaters Sorge getragen hatte, nun in guter Obhut. Sie wollte in den Spreewald, da brauchte man sie auch dringend.
Mathilde bekam nun auch im Dorfkrämerladen etwas auf Lebensmittelkarten zu kaufen. Je eine Tüte Erbsmehl, Hafermehl, Salz und Zucker, sowie ein Schüsselchen Marmelade und ein Vierpfundbrot waren die Ration für sechs Personen in zehn Tagen. Dabei kam sie auch mit der Kaufmannsfrau ins Gespräch. Beide waren froh darüber, denn wenn auch letztere vor vielen Jahren hier eingeheiratet hatte, war auch sie immer eine Fremde geblieben und konnte Mathilde manchen nützlichen Tipp im Umgang mit den Leuten hier geben. Dabei hatte die Mutter auch in Erfahrung gebracht, wie ihre Tochter die nächste Bahnstation erreichen konnte.

Einige Leute nahmen Ursel am folgenden Montag mit zur Bahn. Auf dem Weg durch dichten Wald, immer bergrunter aus der Region des Harzes, war es in zwei Stunden geschafft und bald fuhr auch ein Zug Richtung Osten. Ursel war ja ein gesundes Mädchen, die Tage der Ruhe genügten ihr, neue Energie zu tanken. Rasch half sie den Reisenden das Gepäck in dem überfüllten Waggon unterzubringen. Sie selbst besaß nur eine kleine Stofftasche, und wieder bewahrheitete sich Mutters Worte „Besitz belastet!" Ursel fand es gut, sie konnte so alle Unternehmungen unbelastet und mit jugendlicher Unbekümmertheit bestehen.
Nach 24 Stunden war Ursel mit vielen Unterbrechungen im Spreewald. Mathilde hatte vier Scheiben Brot mitgeben kön-

nen. Das letzte Stückchen konnte nun verzehrt werden, denn der eineinhalbstündige Fußmarsch zum Ziel war keine Hürde mehr. Singen, das erprobte Rezept gegen Hunger und Müdigkeit, kam wieder zum Tragen.
Die Freude am Marschieren und auf das Wiedersehen lieber Menschen belebte sie. Diese hatten sich uneigennützig gezeigt und geholfen den geliebten Vater zu finden. Es war damals nicht ungefährlich solche Unternehmungen zu unterstützen.
Am Hoftor kam dem Mädchen eine ältere Flüchtlingsfrau aufgeregt entgegen gelaufen, „Fräulein Ursel, dass sie endlich kommen. Alle sind krank, keiner der noch gesund ist, traut sich sie zu betreuen. Alle haben Typhus!" Ohne zu überlegen nahm Ursel die Herausforderung an. Wie überall war das Haus mit Menschen überbelegt. Da waren Verwandte aus Ostpreußen mit einem Baby. Eine Tochter mit Mann und Kleinkind. Im Keller war ein altes Ehepaar aus Pommern untergebracht. Außerdem gehörten neben dem Hausherrn und seiner Frau noch zwei jugendliche Söhne und ein Schulkind und nun auch Ursel dem Haushalt an. Und dann war ja auch noch die Frau, die dem Mädchen die unverhoffte Mitteilung machte. Das junge Mädchen fand eine Schlafstelle im Dienstzimmer auf dem Sofa. Ursel genoss von Anfang bis Ende das Vertrauen aller, wurde als Haustochter aufgenommen und gebeten zu dem Försterehepaar Onkel und Tante zu sagen. Tante war herzkrank, oft musste sie einen schweren Anfall über sich ergehen lassen. Sie war eine schöne Dame, vollschlank, mit üppig, weißem Haar, und wenn es ihr gut ging, eine lustige, lebensfrohe Frau, die für alle Verständnis zeigte. Der Onkel Mitte fünfzig, war auch vom Dienst als Revierförster suspendiert. Sein Sohn, der gerade mit der Forstlehre fertig geworden war, bekam zum Schein den Wald übergeben und so blieb der Onkel doch der Chef. Auch er war ein lebensfroher, humorvoller Mann. Die ganze Familie machte gern Hausmusik, was Ursel sehr gefiel.
Ihre helle Singstimme passte gut dazu.

Den Eltern schrieb sie regelmäßig lange Briefe, in denen sie über sich, Land und Leute berichtete. Die Post ging oft über vierzehn Tage bis zum Bestimmungsort. Mathilde antwortete genau so oft und ausführlich ihrer Tochter.
Wie überall versuchte man auf vielfältige Weise dem Hunger bei zu kommen. Ursel wendete immer neue Tricks an, um den Magen der zum Haushalt gehörenden, Personen zu füllen Es waren immerhin siebzehn. Wenigstens Kartoffeln gab es, aber selten mal ein Brot auf Zuteilung. Das war ein Glücksfall und das Stückchen trocknes Brot genossen alle voll Ehrfurcht. Das einzige was es in Mengen gab, war Wasser. Und davon sollten die Kranken gesunden? Bald besorgte Onkel einen Zentner Roggenmehl und einige Schachteln Süßstofftabletten. Keiner wusste oder fragte wo er es her hatte. Nun gab es jeden Morgen einen großen Topf Mehlsuppe mit Salz gewürzt und wer mochte, konnte sich etwas aufgelösten Süßstoff darüber spritzen.
Für die ausgemergelten Verdauungsorgane der Kranken, die geeignete Heilkost. In den Herbstnächten machte Ursel sich auf die Suche nach vereinzelt liegen gebliebenes Gemüse. Auf den moorigen Feldern fand man mal ein oder zwei liegen gebliebene Kohlköpfe, ein paar Möhren oder trockne Bohnen. Zuhause wurde dann sortiert, ausgeschnitten, gewaschen und geputzt. Es half schon ein paar Tage weiter und mutete wie ein Wunder an. Das günstige Wetter des vergangenen Sommers hatte das Wenige, was auf den durch die Kampfhandlungen verwüsteten Felder angebaut werden konnte, üppig und reichlich wachsen lassen.
Zug und Nutztiere hatten die sowjetischen Truppen konfisziert. Ab und zu konnte man noch einer Rinderherde, die nach Osten getrieben wurde begegnen. Abgemagert trottete sie ihren Weg und als eine Kuh in der Nähe des Forsthauses entkräftet am Straßenrand zusammenbrach, gab es für die Bewohner eine heimliche Notschlachtung. Egon der Schwie-

gersohn war doch gelernter Fleischer, der zauberte sogar daraus Dauerwurst. Alles musste hinter streng verschlossenen Türen und im Keller passieren. Nun konnte eine wunderbare Brühe gekocht werden, die alle stärkte.
Gebratenes gab es aber grundsätzlich nicht, der Duft hätte die Schwarzschlächter verraten und außerdem war das Fleisch recht zäh. Die Strafen für ein solches Vergehen waren unverhältnismäßig hoch und mancher verschwand auf Nimmerwiedersehen spurlos.
Eines Abends verlangte ein Typhuskranker nach einem Stückchen Wurst. Er bekam es natürlich, doch Brot dazu war nicht im Hause. Glücklich verzehrte der Mann den Leckerbissen. Alle glaubten, nun sei er über der Berg, doch am nächsten Morgen lag er tot auf seiner Schlafstelle. Es war der erste Tote im Haus und keiner wagte ihn zu berühren. Da ließ sich Ursel die Hände mit Lumpen umwickeln, die konnten dann verbrannt werden. Zusammen mit dem Totengräber aus dem Dorf verpackten sie den Leichnam in eine Zeltplane und legten ihn auf einen Handwagen, damit er auf den Friedhof transportiert werden konnte. Särge gab es nicht, da musste man halt so beerdigen. Bald darauf gab es den nächsten Todesfall im Haus und in der näheren Umgebung, auch da tat Ursel Samariterdienste. Ein alter Arzt stellte wenigstens Totenscheine aus, Todesursache „Unbekannt".

Die Bewohner des Ortes in den Bergen brachten inzwischen Verständnis gegenüber der Flüchtlingsfamilie auf. Zwar musste sie noch in dem Saal hausen, aber der Bürgermeister hatte für den Winter eine bessere Bleibe in Aussicht gestellt. Christof besuchte das achte Schuljahr in der einklassigen Dorfschule. Der kleine Friedrich suchte sich mit den anderen Kindern im Wald und auf den Wiesen seine Unterhaltung. Zur Schule brauchte er erst im nächsten Jahr. Eleonore siechte weiter dahin und Mathilde schüttete täglich den Inhalt des Abfalleimers in den Dorfbach. Er floss an der gegenüberliegenden Straßenseite und das Federvieh tummelte sich darin. Auch Norbert hatte eine Beschäftigung in einem kleinem Spielzeugbetrieb gefunden. Der geheime Wunsch des Forstmannes: „Hoffendlich bekomme ich keine Anstellung in meinem Beruf." Sein Gewissen ließ ihm keine Ruhe, durch eine Lüge einen Kollegen aus Lohn und Brot zu drängen. Darüber hatte er nur mit seiner großen Tochter reden können. Mathildes Mentalität war so ganz anders, sie konnte ihres Mannes Bedenken nicht verstehen. Norbert hoffte sehr, er wäre bei den Regierungsstellen vergessen worden.

Viel Sorgen machte den Eltern ihre Kleine und die Schmerzen trieben das Kind fast bis zum Wahnsinn. Eine Ärztin, die zum erkrankten Bürgermeister kam, sah sich nach vielem Bitten und Flehen dann doch mal das Kind an. Der Bauer bekam eine Überweisung ins Krankenhaus und Eleonore eine Spritze. Es kam sogar vor das mitleidige Dorfbewohner mal zwei Eier oder ein Stückchen Wurst abgaben. „Aber gute Frau, erzählen sie es keinem, ich bekomme sonst Ärger." Und Mathilde meinte: „Ich werde mich hüten es weiter zusagen." So bekam besonders Norbert mal etwas Außergewöhnliches.

Bald zeigten sich auch noch Geschwüre auf dem Kopf des leidgeprüften Mädchens. Als die Ärztin wieder einmal im Ort war, bat Mathilde sie noch einmal zu kommen. Doch mit Naturalien konnte sie den Besuch nicht bezahlen, was damals durchaus üblich war. Als die Ärztin die kleine Patientin sah, ordnete sie an: „Das Kind muss heute noch ins Krankenhaus. Packen sie rasch ein paar Sachen zusammen. Der Krankenwagen wird gleich hier sein."

Mathilde fragte erstaunt, „Wie geht das so schnell?"

„Der Bürgermeister ist gestorben und wird hergebracht, da kann das Kind gleich mitgenommen werden." Später erfuhren die Eltern, dass das Ortsoberhaupt an Typhus gestorben war, und trotz der hohen Ansteckungsgefahr gab es keine Desinfektion des Autos.

Für Eleonore begann ein erneutes Martyrium. Sie wurde in der Klink abgeliefert. Das siebenjährige Kind saß apathisch, bis zum Skelett abgemagert auf einem hohen Stuhl, bis eine Schwester sich ihrer erbarmte, und sie fragte was sie hier wolle und ihr die Papiere abnahm. Plötzlich ging es ganz schnell. Untersuchung und Fiebermessen im Po. Für Eleonore ganz fürchterlich, Mutti hatte immer unter dem Arm gemessen. Ehe sie es sich versah, waren die Kopfhaare abgeschnitten, um an die Geschwüre heranzukommen, diese zu öffnen und zu versorgen. Danach wurde das Kind in ein Bett gelegt. Die weiteren Betten waren mit alten grauhaarigen Frauen belegt. Ein Topf Tee, den man auf den Nachttisch gestellt hatte, konnten den großen Durst löschen.
Die Wunden wurden täglich mit schwarzer Salbe bestrichen und neu verbunden. Nur zur Abdeckung diente ein Mullläppchen, die Binden darüber bestanden aus Krepppapier. Jeden Sonntag hoffte Eleonore Besuch von der Mutti zu bekommen. Die Mitpatienten versuchten sie zu trösten und passten auf, dass sie die kargen Mahlzeiten auch aufaß. Am schlimmsten waren die Novemberabende. Oft, ja fasst täglich gab es Stromsperre, und nur das Personal durfte auf dem Flur eine Kerze anzünden. Traurig weinte sich das Kind in den Schlaf, dabei verkroch es sich unter die Zudecke.
Einmal hatte Mathilde den zweistündigen Fußmarsch zur Bahnstation gemacht, und als sie endlich im Krankenhaus ankam, sagte man ihr: „Sie können das Kind nicht besuchen, es liegt auf der Isolierstation, es hat doch Typhus. Wenn sie Lebensmittel mitgebracht haben, können wir sie nicht brauchen, denn alle bekommen Diätessen."
„Aber können sie meiner Tochter die Puppe geben, sie hat sie bei sich gehabt seit wir aus Schlesien weg mussten." Dann gestattete man doch noch ein Glas Honig, die Puppe und die Grüße der Mutter da zulassen.
Inzwischen war auch ein Kinderzimmer eingerichtet wurden. Eleonore war die Älteste. Den Honig verteilte sie, jedes Kind

bekam einen Teelöffel voll von der Köstlichkeit. Alle litten an schlimmen Durchfall, nur sie an Verstopfung, auch eine Variante der Krankheit. Die Schwestern spornten das Kind an, wenigstens ein fingernagelgroßes Stück Kot im Nachttopf zu hinterlassen. Es würde dann untersucht, eine Entlassung war von dem Ergebnis abhängig.
Endlich war es geschafft und alle Kinder klatschten vor Freude in die Hände.
Einmal gab es einen großen Tumult auf dem Flur. Ein junges Mädchen sollte in eine Baracke verlegt werden. Sie schrie: „Auf eine Totenbahre lege ich mich nicht!" Sie gebärdete sich wie wild und sie durfte laufen. Die Kinder waren ans Fenster geeilt. Sie wollten sehen wie das Mädchen über den Hof ging. Aber sie lag doch auf der Bahre. Ganz ohne Aufforderung kroch die kleine Schar ängstlich in ihre Betten zurück.
Endlich kam die erlösende Mitteilung vom Arzt: „Du darfst nach Hause, kleine tapfere Eleonore." Patienten, Ärzte und das Pflegepersonal freuten sich mit, hatten sie alle das Kind lieb gewonnen. Die wenigen Kleidungsstücke waren desinfiziert und hatten einen scharfen Geruch. Eleonore weinte um ihre Puppe, die musste sie dalassen. Eine Schwester tröstete. „Mit deinem Püppchen möchten doch so gern die Kinder, die noch hier bleiben müssen spielen." Das war schon ein Argument, die noch nicht heim konnten sollen sich doch auch freuen.
Inzwischen war das Kleid viel zu kurz geworden. Mutti wird schon Abhilfe schaffen. Das hoffnungsvolle Warten brachte Eleonore in eine frohe Stimmung, am liebsten hätte sie auf dem langen Flur laut gesungen. Doch Stunden vergingen, und keiner kam sie holen.
Hatte Mutti vergessen? Oder waren die Eltern und Geschwister nicht mehr da, oder vielleicht schon gestorben? Eleonore hatte im letzten Jahr so viele schreckliche Dinge erleben müssen, so dass diese Überlegungen nicht außergewöhnlich wa-

ren. Das kleine Menschlein war wieder der Willkür fremder Leute ausgeliefert.

Man hatte die Eltern über das Telefon des Bürgermeisteramtes informiert, dass ihre Tochter abgeholt werden kann. Mathilde bekam einen Fahrschein für den Bus zugeteilt und Norbert brachte sie sehr früh zur Haltestelle. War es in den Bergen schon recht frostig mit etwas Schnee, je näher man aber der Stadt im Tal kam, herrschte Nebel und ungesundes, feuchtes Wetter. Es bestand ja ein Höhenunterschied von dreihundert Metern. Froh, das Krankenhaus erreicht zu haben, erhielt die Mutter an der Pforte die Mitteilung: „Ich weiß von einer Entlassung nichts und zu ihrer Tochter können sie sowieso nicht. Der Zutritt zur Isolierstation ist verboten." Und recht herzlos antwortete man auf die Einwände der Mutter: „Da könnte ja jeder kommen." Und das Sprechfenster schlug hastig zu.

Vollkommen am Boden zerstört wandte Mathilde sich wieder der schmutzig wirkenden Kleinstadt zu. Frierend und hungrig lief die Frau durch die fremden Straßen, um sich warm zuhalten. Als es schon dunkelte fuhr der Bus erst wieder nach Hause. Norbert, Christof und Friedrich warteten an der Haltestelle, um Eleonore zu begrüßen. Aber da taumelte nur Mathilde aus dem Gefährt und fiel ihrem Mann entkräftet in die Arme.

Inzwischen hatte die Familie in einem großen Gemeindehaus zwei Zimmer und eine kleine Küche beziehen dürfen. Wenn es auch noch keinen Schrank gab, hatte doch jedes Familienmitglied eine roh, zusammengezimmerte Bettstelle mit einem Strohsack. Am Ende des langen Korridors befand sich eine Toilette, natürlich ohne Spülung, Wasserleitung gab es noch nicht. Die Toilette mussten noch zwei weitere Familien benutzen, da war der Andrang mitunter groß.

Mathilde empfand es schon als großen Fortschritt, der Wirt der ersten Unterkunft sah ein, dass er kein hergelaufenes Volk beherbergt hatte. Er schenkte sogar einen Gartentisch und sechs Gartenstühle zur Einrichtung.

Norbert hatte ein wärmendes Feuer in der Küche gemacht und die vorgekochte Kartoffelsuppe warm gestellt, so konnte sich Mathilde erstmal von innen und außen wärmen. Dann berieten alle wie es weitergehen sollte. Ein Anruf kam nicht in Frage, er wäre auch nur an der Pforte gelandet. So setze sich Norbert hin und schrieb an die Klinik. Der Brief ging erst vier Tage später ab. Der Bus der auch die Post beförderte, kam nur zwei mal in der Woche. Tag und Nacht grübelten die Eltern wie es ihrer Tochter gehen mag.
Notgedrungen musste Eleonore am Abend wieder im überfüllten Krankenhaus untergebracht werden. Nach langem Suchen fand man einen Platz im Kinderzimmer der Chirurgie. Ganz verschüchtert und leise bat das Mädchen die Nachtschwester, auf die Toilette gehen zu dürfen. „Marsch ins Bett, mit solchen Methoden fangen wir erst gar nicht an," und drohte mit dem Finger. Sicher war sie froh, dass die anderen Kinder schon schliefen. Also verkroch sich die Gescholtene in das für sie zu kurze Bettchen und am nächsten Morgen war das Bett, das Nachthemd und sogar der Stuhl, auf den sich das Kind geflüchtet hatte, ganz nass. Was für eine Blamage, und zur Strafe musste so ein großes Mädchen alles mit sauber machen. In den restlichen acht Betten lagen Kinder, die nicht aufstehen durften. Entweder waren sie frisch operiert oder hatten Gipsverbände.
Für die Siebenjährige bekam das Leben wieder einen Sinn. Die Tagschwestern kannten das Schicksal und bemühten sich manches auszugleichen. Doch mit der Nachtschwester gab es keine Vertrautheit mehr. Eleonore durfte den ganz Kleinen die Flasche geben und den anderen Kindern helfen. Auf dem Korridor konnte sie sich frei bewegen und auch mal ins Schwesternzimmer schauen, sie war ja eigentlich gesund. Ein guter Happen oder eine zusätzliche Tasse Milch steckte ihr das mitleidige Pflegepersonal zu. Sonst gab es Morgens und Abends ein Marmeladenbrot, Mittags eine Suppe und zum Nach-

mittag eine Tasse Milch. Das Mädchen erholte sich langsam. Im Geheimen wartete sie auf die Mutti und war sich auch ganz sicher, eines Tages kommt sie. „Wenn meine Mutti mich abholt, packe ich alles zusammen, auch die Zahnbürste." Es war wohl ihr wertvollstes Eigentum. „Und dann komme ich nie wieder in das Zimmer zurück", verkündete Eleonore täglich. Das Personal hoffte mit.
Nach weiteren vierzehn Tagen war es endlich so weit. Mutti ist da! Wie der Blitz sauste die Kleine auf den Flur. Von ganz hinten kam die Mutter wie ein Stern und dazu der wunderbare Duft eines Adventsstraußes. War es ein Traum? Mutter und Tochter hielten sich lange umschlungen und ließen den Tränen freien Lauf. Da brach aber schon wieder ein neues Unglück herein. Mathilde hatte natürlich die Winterschuhe, die Eleonore auf der Flucht an hatte, mitgebracht. Die Füße waren aber so gewachsen, dass die Schuhe nicht mehr passten. Und wieder musste die Kleine warten, denn Mathilde versuchte nun in der Stadt passende Schuhe aufzutreiben, die es nur auf Kleiderkarte, wenn überhaupt, oder im Tausch, gab.
Nur mit viel Mühe gelang es den Schwestern das enttäuschte Kind zu beruhigen. Zusammen gekauert auf einem Korbsessel wartete es wieder. Auf dem Flur war es kalt, doch ins wärmere Zimmer zu den anderen Kindern wollte Eleonore auf keinen Fall mehr. Es dunkelte schon, da kam die Langersehnte und hatte sogar ein Paar passende Schuhe ergattert. Wie, darüber sprach die Mutter nie, es blieb ihr Geheimnis. Die Schuhe waren so weich und warm und Eleonore glaubte auf Wolken zu schweben. Ohne Mühe lief sie mit der Mutter fast eine halbe Stunde bis zur Haltestelle. Sie war so froh, im Bus auf Muttis Schoß sitzen zu dürfen, denn es war ja nur ein Fahrschein bewilligt worden. Der Busfahrer drückte ein Auge zu und Mathilde konnte ihre Tochter endlich nach Hause bringen. Für das Kind war aller Kummer vergessen. Ihr lieber Vater und die Brüder geleiteten es in die noch unbekannte Wohnung.

Nur von Ursel trafen spärliche Nachrichten ein. Man war das gar nicht von ihr gewöhnt und so war das frohe Beisammensein bei den Eltern etwas getrübt, zumal das erste Weihnachtsfest in der Fremde, vor der Tür stand. Nach dem langen Klinikaufenthalt roch es so ganz anders, wie Kuhstall und Essen, wobei letzteres ganz erträglich war. Von Desinfektionsmittel und Äther geschwängerter Luft keine Spur mehr. Mathilde hatte nun zwei besonders Bedürftige aufzupäppeln, dabei hätte sie es selbst so notwendig gehabt. Nach Neujahr konnte Eleonore endlich die Schule wieder besuchen, immerhin wurde sie im Januar schon acht Jahre, aber bei den wohlgenährten Dorfkindern wirkte sie klein und zierlich. Einmal bekam die Familie eine Extraportion bewilligt, die aus drei Litern Magermilch bestand. In der kalten Jahreszeit hielt sie ein paar Tage ohne sauer zu werden. Norberts Verdienst war gering, reichte aber für das Wenige was es zu kaufen gab, eigentlich war es Nebensache.
Mathilde verstand es mit den Ortsansässigen ins Gespräch zukommen und an den Dialekt hatte sie sich auch gewöhnt. Friedrich brachte manches unverständliches Wort von der Straße mit, er war stolz es zu übersetzen und es machte dem kleinen Jungen großen Spaß die Eltern damit zu konfrontieren. Mathilde ging zu den Bauern die Wäsche waschen. Für einen ganzen Tag am Waschtrog, bekam sie das Essen und mal ein Stückchen Speck etwas Vollmilch oder ein paar Eier.
Für den Normalverbraucher gab es das nicht zu kaufen.
Eines Nachts gab es große Aufregung im Dorf. Der Feuerteufel hatte zugeschlagen und Norberts Arbeitsstelle brannte vollkommen nieder. Eine Ursachenforschung wurde nie betrieben und eine Versicherung gab es nicht. Da war guter Rat teuer. Es begab sich gerade, das eine Revierförsterstelle frei geworden war, um die bewarb Norbert sich. Er betrachtete es auch nicht als Unglück, dass von der Regierung keine Nachricht kam, denn von dem ortsansässigen Sägewerksbesitzer war ihm schon die Platzmeisterstelle angeboten worden.

Viel sprachen und dachten die Eltern und Geschwister an ihre Große. Sorgen brauchten sie sich nicht zu machen, wussten sie doch, dass Ursel stark war und das machte besonders den Vater stolz. Mathilde betrachtete es eher als Selbstverständlichkeit.

Indessen hatte Ursel auf dem Gehöft einen aus Steinen gemauerten Backofen entdeckt. Niemand konnte sich erinnern wann er das letzte Mal benutzt wurde. Der Hunger war so groß und Ursel schlug vor, von einem Teil des vorhandenen Mehles Brot zu backen. Also man organisierte einen Holztrog im Dorf und erbettelte etwas Sauerteig beim Bäcker. Sie hatte bei ihrer Mutter oft zugesehen und in der späteren Ausbildung auf einem Bauernhof, selbst mit Hand angelegt. Im wärmsten Raum des Hauses, dem Wohnzimmer, konnten alle Vorbereitungen getroffen werden. Fünfzehn Kilo Mehl waren bewilligt. Für Ursel ein großer Vertrauensbeweis, und sie arbeitete am Abend mit starken Händen und Armen den Brotteig gründlich durch. Für die selbst ernannte Bäckerin war es schon ein gutes Gefühl, wenn alle Anwesenden bewundernd zuschauten. Ihre Unsicherheit überspielte sie und keiner ahnte etwas davon. Am nächsten Morgen wurden alle, die laufen konnten, in den Wald geschickt, um trockenes Knüppelholz zu holen, und nun konnte der Backofen angeheizt werden. Inzwischen hatte Ursel den gut vergorenen Teig zu stattlichen Brotleibern geformt. Die heiße Asche konnte nun entfernt werden, dann noch mit einem wassergetränktem Lappen, der an einer langen Stange befestigt war, nachwischen und die so genannte Mehlprobe bestätigte die rechte Backtemperatur. Ein gehobeltes Brett ersetzte den Schieber und beförderte die Brote in den Ofen. Nun begann ein langes zweistündiges Warten. Alle hofften das es gelingen möge und man sich einmal an dem köstlichen Lebensmittel satt essen könne. Es duftete auch schon wunderbar. Doch als Ursel nach der vorgeschriebenen Zeit die Tür öffnete, durchfuhr sie ein gewalti-

ger Schreck. Die Leiber zeigten sich zwar schön groß und dick, aber noch ganz weiß und die Hitze war verschwunden. Da alle nichts vom Brotbacken verstanden, nutzte das Mädchen es geschickt aus und tat so, als müsse es so sein.
Die halbfertigen Brote wurden auf ein bereitgestelltes Brett gelegt. Das restlich Holz diente zum Nachheizen, so dass bald wieder eine gute Temperatur erreicht war. Inzwischen durften die Kinder das halbfertige Brot mit warmen Mehlwasser bestreichen. Für alle war es ein großes Erlebnis. Wenn Ursel auch ihre Unsicherheit nicht zeigte, hatte sie viel Angst, dass ihr Werk nicht gelingen würde und sie die Hoffnung der Hungrigen nicht erfüllen könne. Die Blamage würde sie sehr kränken, zumal sie trotz allem ein ehrgeiziger Mensch war. Doch nach einer weiteren Stunde im heißen Ofen, konnte sie herrlich braunglänzende Brote vorzeigen. Als das erste noch warm angeschnitten und verteilt wurde, war es ein Fest. Selbst die gefürchteten Wasserstreifen gab es nicht.

Die nicht ganz leichte Aufgabe, weitere Typhuskranke zu betreuen, blieb natürlich an Ursel hängen. Selten kam ein Arzt, der aber auch machtlos war. Die wenigen in den Apotheken vorrätigen Medikamente waren der sowjetischen Besatzungsmacht vorbehalten. Nur die in Feld und Wald wachsenden Kräuter und die Methode der Eigenbluttherapie dienten als Ausweg, und musste bei bedrohlichen Malariaanfällen angewendet werden. Malaria hatten sich die Männer auf den nordafrikanischen Kriegsschauplätzen zugezogen.
Nicht immer konnte man ihnen damit helfen.
Trotz allem waren die jungen Leute einer wahren Tanzsucht verfallen. Ein unbändiger Lebenshunger, nach den überstandenen Kriegsereignissen, hatte sie erfasst. Schnell lebten in den Dörfern die traditionellen Kirmes und Faschingsfeiern wieder auf. Auch Ursel genoss diese Entwicklung in vollen Zügen. Natürlich musste sie, wie viele andere, erst tanzen

lernen. In ihrer Wahlheimat liebten die einen flotte Tanzmusik und die anderen die Klassiker. Man tolerierte einander und Ursel fühlte sich ringsum wohl. Manchen unsittlichen Antrag der Männerwelt lehnte sie lachend, aber bestimmt ab.

Am Anfang der Adventszeit wurde Ursel von immer stärker werdenden Kopfschmerzen geplagt. Der letzte Patient war fast genesen, da merkte sie dass nun auch für sie alle Symptome einer Typhusinfektion zutrafen. Ihr dummer Stolz verbot es ihr, jemanden davon zu erzählen. Doch eines Tages fand das Mädchen sich auf ihrem Schlafsofa, umringt von der ganzen Familie wieder. Was war nur geschehen?
Der Kuckuck rief die dritte Nachmittagsstunde aus. Ursel meinte sie habe verschlafen und so etwas war ihr doch noch nie passiert. Man reichte ihr eine Tasse warmen Pfefferminztee, den sie zügig trank. Dann sagte sie: „Ich habe Hunger." Eine geröstete Scheibe Brot nahm die Kranke dankbar an. Sie konnte nicht begreifen warum man sich so um sie sorgte, obwohl sie doch verschlafen hatte, und alle sahen so froh aus. Dann erklärte ihr die Tante: „Auch du hattest Typhus. Der Arzt hat eine Bescheinigung ausgestellt. Zehn Tage warst du bewusstlos und nun hast du Gott sei Dank die Krise überstanden. Wir hatten alle große Angst um dich. Gar nicht auszudenken wie wir mit deinen Eltern klargekommen wären." Ursel war fast fünfzehn Kilo leichter geworden und die kräftigen Arme und Beine glichen nur noch dünnen Stöckchen. Ihren Eltern schrieb sie nichts von der überstandenen Krankheit, hatten diese doch schon mit der kleinen Schwester so viel Sorgen. Nach einem viertel Jahr sah man Ursel nichts mehr an. Nur mit Wassermehlsuppe und Kartoffeln war sie schon wieder die Alte geworden.
Da wurde das junge Mädchen das erste Mal sehr nachdenklich. Es erinnerte sich an ihre christliche Erziehung als Kind. Am 6. Januar, dem Tag der Heiligen Drei Könige, konnte es

die Haussegnung eines Priesters in der katholischen Familie mit erleben. Es selbst war ja evangelisch geprägt und noch nie etwas davon gehört.
Tante und Ursel, die bei jedem der Hausbewohner eine Vertrauensstellung besaßen, hatten vor einiger Zeit eine größere Menge Reichsmarknoten, die ja noch gültiges Zahlungsmittel waren, in den Dachsparren des Hauses versteckt. Auch nur der zwanzigjährige Förster und die verbündete Ursel kannten das Versteck der leichten Jagdwaffe. Das Gewehrschloss hatte Ursel in ein Staubtuch gewickelt und im Besteckkasten im Wohnzimmer ganz hinten untergebracht. Es durfte nicht rosten. Der Lauf der Schusswaffe lag wohl verpackt in einem Schuppen außerhalb des Gehöftes, wo sich die Munition befand wusste nur der Jäger selbst. Jeweils nur zwei Personen konnten in die verschiedenen Geheimnisse eingeweiht werden. Es diente zum Schutze aller Hausbewohner.
Die gefürchtete Katastrophe ließ nicht lange auf sich warten. Es war ein schöner Vorfrühlingstag, da brausten vier Kübelwagen mit Rotarmisten auf das Gelände der Försterei. Russische Komandorufe erklangen und mit im Anschlag gehaltener Maschinenpistole stürmten die Soldaten ins Haus. Alle Bewohner wurden in das große Wohnzimmer gesperrt, wer es verlässt, wurde mit Erschießung bedroht.
Ein deutschsprachiger Offizier führte nun mit jedem einzeln ein Verhör in der Küche. Immer wieder ging es darum, wo Waffen versteckt sind. Aber niemand wusste etwas. Ursel und der junge Förster natürlich auch nicht. Dann bezog ein Soldat Posten vor der Wohnzimmertür und jegliche Unterhaltung war verboten. Inzwischen wurde das ganze Haus buchstäblich auf den Kopf gestellt. Die erhofften Waffen konnten nicht gefunden werden und das Geld entdeckte man auch nicht. In der Angst und Panik merkte keiner wie Ursel das Staubtuch mit Inhalt aus dem Tischschub nahm und blitzschnell bis ganz hinten in der Feuerung des großen Kachelo-

fens verschwinden ließ. Nun konnte auch das Wohnzimmer durchsucht werden. Ein Blutbad unter den Menschen hätte es bei dem geringsten Fund mit Sicherheit gegeben. Der Hausherr und sein Sohn mussten in ein Fahrzeug steigen. Der Frau und Mutter wurde versichert „Nur zum Verhör." Die Männer kamen nicht zurück und die Familie blieb im Ungewissen. Bald erreichte sie ein kleiner Zettel, der über den Aufenthalt der Männer berichtete. Er war wohl aus dem wenige Kilometer entfernten ehemaligen Konzentrationslager herausgeschmuggelt worden. Ein Hoffen und Bangen erfasste die Verwandten, Freunde und die Bewohner der umliegenden Dörfer, bis eines Tages die Miliz je einen Brief der Inhaftierten brachte. Der des Vaters war genauso geschrieben, wie es der russische Offizier in gebrochenem Deutsch diktiert hatte. Der Sohn hatte zwar den gleichen Text, doch sprachlich richtig verfasst. Die Aufforderung an die Angehörigen nun endlich die Waffen herauszugeben, sonst drohte den Männern der Tot durch erschießen, war angedroht. Natürlich wusste keiner etwas von Waffen, denn der Trick zog nicht, und wieder blieben die Lieben daheim in Angst und Sorge. Bald darauf kam der alte Förster nach Hause, vom Jungen gab es kein Lebenszeichen mehr. Man vermutete, dass er einen der schweren Malariaanfälle, an denen er litt, nicht überlebte.

Das Osterfest 1946 war vorüber, alle Bewohner der Försterei mussten diese räumen und alle planten einen Neuanfang, irgendwo in Deutschland, aber möglichst nicht mehr in der sowjetischen Besatzungszone. Wie schmerzlich, empfand auch die Haustochter, sich von den liebgewordenen Menschen zu trennen und ihre erste Wahlheimat zu verlassen. Verbanden doch alle glückliche und schwere Stunden. Die paar Habseligkeiten waren rasch zusammengepackt und Ursel marschierte wieder in die Stadt, um mit einem Zug zu den Eltern zu gelangen. Über Berlin bis nach Wittenberg kam sie noch einigermaßen normal. Dann verbrachten die vielen Reisenden eine Nacht im überfüllten Wartesaal oder an windgeschützten Ecken, denn es war in den Nächten noch recht kalt. Ursel hockte sich auf ihren kleinen Koffer, alle Gepäckstücke mussten die Besitzer fest bei sich haben, entweder sich draufsetzen oder viele banden die zahlreichen Kisten, Säcke, Koffer und sonstiges, an ihrem Körper fest. Es wurden die unmöglichsten Dinge transportiert. Stehlen war an der Tagesordnung. Dann ging es weiter in Richtung Halle, doch schon auf einem kleinen Vorortbahnhof der Stadt hieß es: „Alles aussteigen, der Zug endet hier!" Wasser gab es zum Glück überall, aber der Hunger quälte nicht nur Ursel. Mit einem jungen Mann, der aus der Kriegsgefangenschaft kam und aus Ostpreußen stammte, versuchten sie, wie all die anderen, rasch auf den Hauptbahnhof zu kommen, natürlich zu Fuß. Eine Frau am Wegrand verkaufte Radieschen, es war das einzige Essbare, für jeden ein Bündel. Langsam kauten die Menschen das Gemüse. Gemeinerweise wurde der Appetit dadurch erst recht angeregt.

Auf den überfüllten Bahnsteigen liefen die Menschen ziellos hin und her. Eine Auskunft gab es nicht. Und ließ sich ein Eisenbahner sehen, zuckte er nur mit den Schultern. Dann machte doch eine Nachricht die Runde, ab westlichen Vorort, mit der Straßenbahn zu erreichen, fahren wieder Züge. Die Massen stürmten die Wagen der Straßenbahn. Ursel und ihr Begleiter ließen Frauen mit Kindern und alten Leuten den Vortritt. Endlich kamen die beiden jungen Leuten auch ans Ziel, der Zug war gerade abgefahren, nur das Schlusslicht konnte man erkennen.

Die Zuspätkommenden, es zählten mindestens zwanzig Personen dazu, entdeckten auf einem Nebengleis eine unter Dampf stehende Lok eines Güterzuges, kletterten auf die Puffer oder suchten Halt auf der Laufstegen der Waggons. Gleich darauf setzte sich das Gefährt in Bewegung. Nach drei Stationen ohne Halt war schon wieder Ende. Da stand eine Loko-

motive und fasste Wasser. Alle stürmten mit Sack und Pack über das weit verzweigte Schienensystem um den Magen mit Wasser zu füllen und so den Hunger für eine kurze Zeit zu vergessen. „Ob wir damit weiter kommen?" Fragte Ursel ihren Beschützer. Dieser zog das Mädchen mit sich: „Komm schnell, sonst sind alle Plätze vergeben." Die Gepäckstücke flogen auf den Kohlentender und die Reisenden standen auf dem schmalen umlaufenden Brett, was kaum Halt bot und die Hände krallten sich an allen nur möglichen Vorsprüngen fest. Die Bahnbediensteten lehnten es ab mit der menschlichen Fracht, die so gefährlich mitfahren wollte, sich durch einen langen Tunnel zu begeben. Da half kein Bitten und kein Betteln, runter mussten auch die Mutigsten. Eisenbahner und die inzwischen hinzugezogene Bahnpolizei fanden einen Ausweg. Ein leerer Möbelwaggon war die Lösung und alle schlüpften dankbar hinein. Die Tür wurde von Außen verschlossen und schon ging es los.
Der Hunger machte sich wieder bemerkbar, daran konnte auch das genossene Wasser nichts ändern. „Hat jemand noch etwas zum rauchen da?" schallte es durch den dunklen Raum. Es mutete wie eine Brotvermehrung an, denn nun untersuchten alle ihre Jacken und Hosentaschen nach ein paar Tabakkrümeln. Aus Zeitungspapier konnten daraus einige Zigaretten gedreht werden, die gemeinsam geraucht wurden. Jeder konnte ein bis zwei Züge aus dem stinkenden Glimmstängel nehmen. Eine Notgemeinschaft kennt da kein Tabu.
Gegen Mitternacht hatte Ursel den Zielbahnhof erreicht, doch bis zu den Eltern stand ihr noch ein Fußmarsch von dreißig Kilometern bevor. Die Anderen warteten auf eine Gelegenheit weiter in Richtung Kassel zu kommen. Den Koffer gab das Mädchen auf der Gepäckaufbewahrung ab. Schon zwei Stunden war sie unterwegs, da fand sie sich plötzlich auf der Straße, auf allen Vieren kriechend, wieder. Das war ihr unbegreiflich. Die Erschöpfung und Müdigkeit mussten ihr wohl

einen Streich gespielt haben. Es war höchste Zeit etwas auszuruhen. Im Wald neben der Straße befand sich ein Bombentrichter. In ihn kroch Ursel, rollte sich wie ein Igel zusammen und schlief augenblicklich ein.

1. Mai 1946, die aufgehende Sonne weckte die Schläferin und die Morgenkühle ließ sie erschauern. Rasch Waldboden und Tannennadeln abgeklopft und mit einem Dauerlauf erwärmte sich Ursel, sie kannte sich aus im Überlebenstraining. Nach dem ersten Dorf kam ihr das Milchauto entgegen, bald kam es wieder zurück und durch kräftiges Winken konnte die Anhalterin einsteigen und die restlich Strecke war bald überwunden. Todmüde aber froh wieder mit den Eltern und Geschwistern vereint zu sein, fiel die Heimkehrerin in einen tiefen Schlaf. Zum Maitanz am Abend im Dorf merkte man dem Mädchen die vergangenen Strapazen nicht mehr an. Es war halt ein Stehaufmännchen. Ursel wusste, dass Mutter zu den Bauern ging um Wäsche zu waschen, oder auch mal bei Familienfesten, wie Konfirmation, Hochzeit, Taufe oder Leichenschmaus zu kochen, oder andere Hausarbeiten zu erledigen. Sie scheute sich vor keiner Arbeit, nur Feldarbeit lehnte sie grundsätzlich ab. Mathilde war so die Ernährerin ihrer Familie. Alle sprachen sich Mut zu, nur nicht zurückdenken und der Überlebenskampf gab auch kaum Gelegenheit dazu. Berührungsängste kannte Mathilde nicht und eine gute Portion Selbstvertrauen ließ ihr Ansehen in ihrer Umgebung steigen. Manchmal setzte sie auch kleine Schwindeleien ein, die keinem schadeten, ihr und ihren Lieben aber Nutzen brachten. Norbert tat da nicht mit, ließ sie aber schmunzelnd gewähren. Wenn gelegentlich eins der Kinder es wagte, „aber Mutti das stimmt doch nicht", zu sagen, bekamen sie ganz lieb und überzeugend zur Antwort: „Merkt euch, der Zweck heiligt die Mittel." Dagegen war ja auch nichts einzuwenden, doch Ursel wollte so gradlinig wie der Vater bleiben.

Und schon bewarb sich die Familie einer nahe gelegenen Försterei um Ursel, als Hausgehilfin. Natürlich nahm sie an, denn es war nahe bei den Eltern. Ein kleines Lebensmittelpaket alle vierzehn Tage für die Angehörigen, wenn Ursel Ausgang bekam, sowie freie Kost und Logis und in der Woche zehn Reichsmark waren vereinbart. So gut wie im Spreewald war es nicht, die Erniedrigung nur ein Dienstmädchen zu sein, was auch die drei schulpflichtigen Kinder in Überheblichkeiten spüren ließen, tat schon weh. Ursel passte sich auch diesen Umständen an. Ihre Fröhlichkeit und Zuverlässigkeit ließ bald Anerkennung erfahren. Da sie eine gute und unermüdlich Tänzerin war und die Nächte an den Wochenenden auf den Tanzböden der umliegenden Orte verbrachte, war sie überall gern gesehen. Die Vernachlässigung ihrer Arbeit kam für sie nicht in Frage, das war Ehrensache. Aus Übermut spielte sie nur mit ihren Verehrern und wenn es drohte Ernst zu werden, erfand sie Ausreden und zog sich zurück. Nach all den Kriegs und Nachkriegserlebnissen traute sie keinem. Eine feste Bindung war für sie undenkbar. Außerdem war sie noch so jung und ein Habenichts, dessen sich Ursel absolut bewusst war. Sich als billige Arbeitskraft an einen Bauernsohn zu binden, das war nicht ihr Ding, wobei auch heimlich manche Träne aus Liebeskummer geflossen ist. Der klare Verstand behielt aber stets die Oberhand.

Im folgenden Jahr sollte die Familie wieder eine einschneidende Veränderung erfahren. Man hatte sich auf die zur Zeit bestehenden Verhältnisse eingerichtet und war zur Ruhe gekommen. In einer Bäckerei arbeitete Christof als Lehrling, etwa vierzig Kilometer entfernt. Es sei ein großes Glück, meinten alle. Wenigstens satt werden könne man da. Bald stellte es sich aber als Täuschung heraus. Der schmächtige Fünfzehnjährige konnte die vom Meister geforderte Arbeit nicht leisten und der Lehrvertrag wurde im gegenseitigen Einverständnis aufgehoben.

Es war wieder Herbst und Norbert hatte sich von seinen Berufskollegen überreden lassen, eine Bewerbung um eine eben frei gewordene Revierförsterstelle abzuschicken. Bald kam auch eine positive Nachricht der Landesregierung doch nicht auf die beantragte Stelle. Mathilde meinte: „Sieh es dir doch einmal an Norbert, vielleicht ist es eine Chance für uns."
Und der Mann machte sich am nächsten Morgen sehr früh zu Fuß auf den Weg. Er benutzte eine geliehene Landkarte um sich in dem Bergwald zurecht zu finden. Immer auf dem Kammweg entlang. Es war ein trüber Spätherbsttag. Als Norbert an sein Ziel kam, empfing ihn eine große Lichtung und die durchbrechende Sonne beleuchtete weite Wiesen, umgeben von gewaltigen Buchenbeständen. Am entfernten Waldrand war nun auch das Gehöft zu erkennen.
Hatte sich der Forstmann stundenlang an der ursprünglichen Natur erfreut, wurde ihm das Herz wieder schwer. Er kämpfte minutenlang mit seinen Empfindungen. Sicher musste ein Kollege gehen. Wie alt mag er wohl sein? Hat er Familie und Kinder, die nun ins Ungewisse gestürzt werden? Am liebsten wäre er wieder umgekehrt, und es fielen ihm Mathildes Worte ein: „Wenn wir dort nicht hingehen, kommt ein anderer." Also nahm Norbert allen Mut zusammen und bewegte sich auf die voraussichtlich neue Heimat zu. Ihm war klar, dass er nicht mit offenen Armen empfangen wird.
Die Försterei war ein kleiner landwirtschaftlicher Betrieb mit einem sehr schönen, kaum zehn Jahre alten Wohnhaus. Gegenüber stand ein altes Wohngebäude. Stallungen, Scheune und Schuppen umschlossen den Hof. Allerlei Federvieh tummelte sich darauf und wenn man den Misthaufen betrachtete, war auch Großvieh zu vermuten. Ein Jagdhund stand an der Haustür und gab einen kurzen Laut von sich, aber als Norbert ihn in seiner ruhigen Art ansprach, wedelte das Tier schon mit dem Schwanz. Astra war sonst immer zuverlässig bei der Bewachung des Anwesens und niemand wagte sich in

die Umzäunung. Mit einem barschen Zuruf versuchte der Hausherr den Hund an seine Pflichten zu erinnern und war dabei erstaunt über den ungewöhnlichen Vorfall.
Norbert sah auch nicht gerade vertrauenserweckend aus. Er musste ja immer noch seine alten Kleidungsstücke, die er in der französischen Gefangenschaft angehabt hat tragen. Anderseits war er sauber und gepflegt, eben ein rätselhafter Mensch. Als Norbert sich vorgestellt und seine Papiere vorgelegt hatte, wurde er ins Haus gelassen, wenn auch nicht besonders freundlich, was verständlich war. Der scheidende Revierförster und seine Frau, etwa zehn Jahre älter als er und kinderlos wussten über ihr Schicksal schon bescheid.
Bei einem kräftigen Mittagessen kam man sich näher und beide Seiten akzeptierten das Unabwendbare. Eine Besichtigung der Gebäude folgte und zu Norberts Erstaunen zogen sich in einer unbemerkten Senke noch einige Morgen Ackerland hin. Diese mussten bei Stellenantritt mit bewirtschaftet werden. Und das aus dem nichts.
Norbert machte sich sorgenvoll auf den Heimweg.
Gespannt erwartete Mathilde und die Kinder die Rückkehr des Familienoberhauptes. Gleich machte sich das Ehepaar am nächsten Morgen vor Sonnenaufgang auf den langen Weg, um ihr neues Zuhause zu besichtigen und die Einzelheiten zu klären. Norbert und seine Frau sahen sich das schon lange Zeit leerstehende alte Wohnhaus an. Es war auf der gegenüberliegenden Seite der schönen neuen Försterei auf dem gleichen Grundstück. Eine Steinplatte lag vor dem ebenerdigen Eingang und war mit Wildkräutern und Brennnesseln überwuchert. Die Tür lies sich nach innen öffnen und war nicht verschlossen.
Ein modriger Geruch schlug den Besuchern entgegen. Schwach erkannte man den mit Feldsteinen ausgelegten Hausflur. Links führte eine Tür in einen Raum der zwei Fenster hatte und wohl als Wohnzimmer galt. Dahinter befand sich das Elternschlaf-

zimmer. Auf der anderen Flurseite kam man zunächst in eine kleine Stube, die in alten Zeiten als Büro gedient hatte. Der Fußboden war mit rohen Brettern und die im hinteren Teil befindlichen Küche mit Ziegelsteinen ausgelegt.
Am Ende des Ganges führten Steinstufen in einen feuchten Keller und eine schmale Holzstiege unter das Dach. Zwei ausgebaute Dachkammern an der westlichen Giebelseite dienten mal als Unterkunft für Magd und Knecht. Elektrisches Licht gab es auf dem ganzen Anwesen nicht, der zweite Weltkrieg hatte dieses Vorhaben vereitelt. Die einfachen Fenster ließen sich kaum öffnen oder schließen. Regen, Wind, Schnee und Kälte hatten leichtes Spiel ins Innere zu dringen. Im Wohnzimmer befand sich ein mit Rost bedeckter Eisenofen, in der Küche ein Herd mit zerplatzter Platte. Die Schlafstube und eine Dachkammer hatten einen kleinen Kanonenofen. Hinter den Stallungen befand sich das dazugehörige Plumpsklo.
Der scheidende Kollege tat Mathilde und Norbert doch sehr leid, sie wollten ihm und seine Frau nicht mehr wehtun als nötig. Rasch stand ihr Beschluss fest: „Wir begnügen uns mit unseren paar Habseligkeiten bis zum Frühjahr im alten Haus."
Die Übernahme des dienstlichen und privaten Inventars, dazu gehörten auch die schon mit Wintersaat bestellten Felder, wurde schriftlich festgemacht.
Das alte Ehepaar stimmte der Vereinbarung zu, bis Mai wohnen zu bleiben und bis dahin Vieh und Futtermittel aus Stall und Scheune geräumt zuhaben.

Schon eine Woche darauf ergriffen die Eltern mit ihren Kindern Besitz der neuen Heimat. Natürlich bot sich Ursel auch gleich wieder ein großes Aufgabengebiet. Es traf sich gut, dass ihr bisheriger Arbeitgeber ebenfalls aus dem Staatsdienst ausschied und sie gleich den Eltern helfen konnte.
Die Lebensbedingungen worden nicht leichter. Ein Bauer transportierte das wenige Eigentum, mit seinem Pferdewa-

gen, und die Menschen dazu, sogar kostenlos, zu dem neuen Quartier. Gutgemeinte und weniger gut gemeinte Wünsche begleiteten sie und einige liebe Leute spendeten sogar manches für den Neuanfang.

Aber wo fand man Brennmaterial mitten im Wald? Es gab ja im November schon Nachtfröste und das alte Haus war feucht und ausgekühlt. Die nasse Witterung erlaubte es nicht, nur einen trockenen Zweig zu finden.

Wie Spürhunde versuchten alle an geschützten Stellen Holzstückchen zu finden. Den Vorteil hatte die Aktion, die Körper blieben dabei warm. Die nächste Herausforderung war, mit dem nassen Zeug ein wärmendes Feuer zu entfachen. Vater kniete vor dem Küchenherd, hatte vorsorglich einen Kerzenstummel angezündet, denn auch Zündhölzer waren Mangelware. Er versuchte mit viel Geschick ein Feuer zu entfachen. Es brannte auch.

Der Schornstein wurde jahrelang nicht benutzt und war ausgekühlt. Der Rauch zog nicht den vorgesehnen Weg nach oben ab, nur ins Haus.

Die Bewohner flüchteten ins Freie. Christof bemerkte trocken: „Räucherware hält sich gut!"

Er hatte die Lacher auf seiner Seite, wenn es auch nur Galgenhumor war. Ein Bündel Stroh im Abzug angebrannt, und die Esse tat ihren Dienst.

Ohne zögern hatte die Forstverwaltung einige Meter Brennholz bewilligt, es stammte von frischgeschlagenen Bäumen. Zwei Waldarbeiter erklärten sich bereit die Stämme zu sägen. Natürlich mit Muskelkraft, Motorsägen gab es nicht. Die Männer brachten auch ihrem Förster eine scharfe Axt mit und gleich spaltete Christof ofengerechte Scheite damit. Die nächste Pleite war abzusehen. Das nasse nachgelegte Holz zischte und puffte, Wasser tropfte in den Aschekasten und eine helle Flamme kam nicht mehr zustande. Alle verfügbaren Textilien, es waren nicht viel, dienten um sich warm zu halten. Ein

Glück, dass jeder einen gut gestopften Strohsack auf seiner Liegestatt hatte.

Norbert fiel die Einarbeitung in seiner Aufgabe nicht schwer und bei den Arbeitern fand er rasch Anerkennung. Ein Frühstücksbrot war ihm täglich sicher was der abgemagerte Chef am Lagerfeuer auch dankbar annahm. In der Heimat hatte Norbert auch immer die Nähe zu seinen Leuten gepflegt und sich so Vertrauen und Zuneigung erworben. Bald erbot sich einer der Männer, ihm im Frühjahr eine gute Milchziege zu besorgen, ebenso ein paar Hühnerküken. Zwei Kaninchen hockten schon im Stall und bildeten den Grundstock für eine bescheidene Zucht. Die Hoffnung war groß, in einem dreiviertel Jahr einen schönen Braten in der Pfanne zu haben.

Inzwischen bedeckte reichlich Schnee Wald und Feld. Eleonore und Friedrich gingen täglich in das drei Kilometer nächstliegende Dorf zur Schule. Eines Tages erzählte der kleine Junge seiner Mutter: „Unsere Ursel hat viel schönere Beine als die Lehrerin." Gegenfrage: „Woher weißt du denn das?"
„Ach Mutti, ich sitze doch in der ersten Bank, da sehe ich es ganz genau."
„Warum schmunzelten da alle so?"

Der Vater trug noch die hohen Lederschuhe, die er in der Gefangenschaft an den Füßen hatte, aber alle anderen Familiemitglieder hatten nur Holzschuhe, deren Schaft aus Segeltuch bestand. Bald konnte Norbert auch einen Stellmacher, der sich auf die Anfertigung von Skiern spezialisiert hatte ausfindig machen. Und so bewältigten alle die Schneemassen mit den Birkenholzbrettern.

Welch ein Fortschritt. Christof erledigte die Botengänge fürs Forstamt und legte dabei täglich viele Kilometer zurück. Auf den entlegenen Förstereien bekam er immer etwas warmes zu trinken und eine Schnitte Brot oder ein Mittagessen.

Ursel lief einmal in der Woche in eins der umliegenden Dörfer um Brot und andere Lebensmittel, die es ausschließlich nur auf Kartenzuteilung gab, mit dem Rucksack nach Hause zu schleppen. Nur ein Unterhemd besaßen die Frauen und wer bei Kälte unterwegs sein musste, zog es an, und das war in der Regel Ursel. Mathilde war sehr schwach, versah zwar den Haushalt mit Mühe, verlor aber so den Kontakt zur Außenwelt. Sie fühlte sich wie ausgebrannt, versuchte sich aber immer positiv zu geben. Ein Wort der Klage kam nicht über ihre Lippen und ihre Liebsten ahnten nicht in welchen seelischen Nöten die sonst so starke Frau war.

Eines Tages zeigte Mathilde ihrer großen Tochter ein Pickel am Gesäß, was schon arge Schmerzen bereitete. Heiß und dick fühlte es sich an.

Am folgenden Tag war es schon ein ausgewachsenes Geschwür. Mathilde wurde von heftigen Schüttelfrost befallen und das Fieberthermometer zeigte 39 Grad an. Sie war nicht mehr ansprechbar. Bei der Kälte und den Schneemassen konnte kein Arzt kommen. Norbert und Ursel überlegten was zu tun sei und so packte man die Mutter mit allen verfügbaren Kleidungsstücke warm ein. Ursel kochte Tag und Nacht im Zweistundentakt eine Pellkartoffel, drückte sie in ein Taschentuch und legte es so heiß wie möglich auf das Geschwür. Mathilde stand Höllenqualen aus die ihr durch immer wiederkehrende Bewusstlosigkeit erleichtert wurden. Alle schlichen in Sorge um die Frau und Mutter auf Zehenspitzen durch das Haus. Norbert und die beiden Großen litten besonders mit, denn ihnen war der Ernst der Lage bewusst. Norbert war sogar bereit, in der höchsten Not das Geschwür mit dem Rasiermesser zu öffnen. Am dritten Tage beim wechseln des Umschlags brach das Geschwür auf und sehr viel Eiter floss ab. Als Norbert am Mittag aus dem Revier kam, fand er eine schmerz und fieberfreie Ehefrau vor.

Nun galt es nur noch den tiefsitzenden Eiterpfropfen vorsichtig heraus zu drücken. Mathilde ließ es ohne ein Wehlaut geschehen, vertraute sie doch bedingungslos ihrem Mann.

Später erfuhr man, dass viele Menschen in dieser Zeit darunter leiden mussten. Ihnen konnte durch einen ärztlichen chirurgischen Eingriff rasch geholfen werden.

Der Frühling kam langsam, aber mit Kraft in den schönen Buchenwald. Wie mit einem zartgrünen Schleier hatte sich alles jungfräulich überzogen. Es roch nach Frühlingsblühern, wilden Knoblauch und frischer Erde.
Kam man aus den Bergen, wo noch viel Schnee zu sehen war, stürzten in den tiefer gelegenen Dörfern, Schmelzbäche die Straßen herab. Ganz unten in der Kreisstadt blühte schon der Flieder, dessen Duft die Luft erfüllte und ließ die Unbilden des Winters rasch vergessen.
Jetzt wurde das schöne Forsthaus bezogen und das Hab und Gut war rasch über den Hof gebracht. In der alten Behausung erhielt eine Flüchtlingsfamilie eine Bleibe. Norbert hatte Birkenstämme kaufen dürfen, davon machte ein Tischler Schlafzimmermöbel. Zwei Bettstellen mit Bretterboden, zwei Nachtschränkchen dazu und einen dreiteiligen Kleiderschrank. Das Elternschlafzimmer, es befand sich im unteren Geschoss, war hiermit komplett. Der Wintergarten verlängerte das geräumige Wohnzimmer und die Nachmittagssonne spendete eine wohltuende Wärme. Ein langer Flur von dort stellte die Verbindung zum Büro, der Küche, dem Bad, einer zweiten separaten Toilette, den Zugang zum Keller und den privaten Hauseingang her. Von einem extra Außeneingang war das Büro ebenfalls zu erreichen. In der ersten Etage gab es vier geräumige Zimmer. Davon bezogen zwei die Jugend. Das dritte ein Forstlehrling und das letzte Zimmer war für einen Forsteleven vorgesehen. Alle Zimmer hatten Parkettfußboden und in jedem Wohnraum stand ein Kachelofen wie man ihn aus der schlesischen Heimat kannte. Auf dem Dachboden befand sich ein großer Wasserbehälter, von dem aus die Bewohner einen Tag mit Frischwasser versorgt werden konnten. Toilette

und Bad erfüllten so immer ihre Funktion. Im Keller, in dem auch die Waschküche untergebracht war, musste täglich eine Flügelpumpe von Hand betrieben werden um den Wasserspeicher neu zu füllen. Eine halbe Stunde reichte dafür aus. Eleonore und Friedrich erkundeten den angrenzenden Wald und die weiten Wiesen. Eines Tages entdeckten die Geschwister, versteckt im dichten Unterholz, ein Häuschen aus Brettern, aber stabil gebaut. Die Tür ließ sich mühelos öffnen und die Kinder schauten neugierig in das dämmrige Innere. Da lag ein Teppich auf dem Fußboden und auf einem niedlichen Tischchen mit gedrechselten Beinen und auf einer Spitzendecke stand eine Petroleumlampe. An der Längsseite der Wand erblickten sie einen dunklen Schrank, hinten dessen Glastür Bücher zu erkennen waren. Drei Polsterstühle und ein mächtiger Ohrensessel, mit bunten Kissen belegt, vervollständigten die Hütte. „Das ist ja wie im Märchen", staunten die Kinder. Schnell wurde der Mutti von dem Fund berichtet, der kaum hundert Meter entfernt lag. Mathilde und Ursel ließen sich nicht lange bitten, um sich das Wunder anzuschauen. Der Teppich zerfiel schon bei der ersten Berührung, ebenso die Kissen. Die jahrelange Feuchtigkeit hatte hier ganze Arbeit geleistet. Alle anderen Gegenstände waren noch gut erhalten. Der Bücherfundus interessierte Ursel besonders und sie sah ihn zusammen mit der Mutter durch. Unter anderem stand da das von Hitler verfasste Buch „Mein Kampf," und noch andere nazistische Schriften. Diese klemmte sich Mathilde unter den Arm, um sie schnell im Küchenherd zu verbrennen. Darauf legte keiner Wert. Einen Vorteil hatte die Aktion, eine heiße Herdplatte. Die anderen Sachen räumten alle gemeinsam am Abend in die Wohnung und waren so wieder um ein paar Einrichtungsgegenstände reicher.

Christof und Ursel genossen, wie ihre beiden Geschwister, die schöne Natur in vollen Zügen. Oft saßen sie am Abend auf den Treppenstufen und sangen mit ihren jugendlichen Stimmen lustige und traurige Volkslieder, wobei der Bruder mühelos die zweite Stimme übernahm. Vater Norbert pfiff dazu die Melodie, eine andere Möglichkeit gab es nicht um zu musizieren. Manchmal nahm er seine Große in den Arm, tanzte mit ihr Walzer und lernte ihr wie es auch so schön linksherum geht. „Nur wer den Walzer auch so beherrscht, kann ihn wirklich.", behauptete er. Mathilde sah dem Treiben ihrer Lieben traurig zu. Sie konnte Mann und Kinder nicht verstehen, denn eine starke Depression hatte die bisher tapfere Frau ergriffen. Die von ihr immer behauptete Unmusikalität ließ sie in ein tiefes Loch fallen. Norbert und die Kinder bemerkten es nicht. Oder verdrängte Norbert diese Erkenntnis, weil er ihr hilflos gegenüber stand?

Ursel wurde unruhig, vor der großen Frühjahrsarbeit wollte sie nach Berlin zu den alten Verwandten, aber vor allem auf den Schwarzmarkt am Alex. Eltern und Geschwister brauchten noch so viel Sachen, die es dort mit etwas Glück zu organisieren gab. Zwar hatte ein Onkel von Norbert, der in Amerika lebte und auch schon seit der Jahrhundertwende US Staatsbürger war, zu Weihnachten ein wertvolles Paket geschickt. Für jeden ein Paar Lederschuhe, deren Größe ihm Norbert auf Anfrage mitgeteilt hatte. Es stellte für alle einen unschätzbaren Wert dar.

Wenn auch die Züge noch sehr überfüllt waren, fuhren sie jetzt schon einigermaßen pünktlich. Die Tanten waren nicht ausgebombt, hatten aber Verwandte aus Oberschlesien bei sich aufgenommen. Auch Ursel war jeder Zeit gern gesehen. Der Amerika-Onkel schickte seinen beiden Schwestern regelmäßig Carepakete und Ursel bekam die feinsten Dinge vorgesetzt. Auch wurde dann ein Festmahl gehalten, bei dem ein Uniprofessor, Politiker und andere Persönlichkeiten mit ihren Angehörigen geladen waren. Tante Immen, die jüngere der Schwestern, bewies ihr ganzes hausfrauliches Können, wobei sie sich gern Ursels Hilfe bediente. Es ging recht fröhlich im Kreise der Gesellschaft zu. Die älteren Herren hätten das junge Mädchen gern mit ihren Söhnen verkuppelt und die Tanten wären entzückt gewesen. Bei diesem Geschäft, wenn es noch so verlockend erschien, war Ursel auf der Hut. Längst hatte sie hinter die Verlogenheit dieser Leute geschaut, und viel von diesem Wissen verdankte sie ihrem Vater. Mit der U-Bahn gelangte man zum Alexanderplatz. Das bunte Treiben faszinierte Ursel ungemein. Immer wieder wurden ihr von Schwarzhändlern Angebote zugeflüstert: „Amerikanische Zigaretten, das Stück, nicht etwa die Schachtel, zehn Reichsmark, eine Flasche Whisky, nicht unter einhundert Reichsmark, fünfhundert Gramm Butter fünfzig Reichsmark. Echter und unechter Schmuck, Tafelsilber, Konserven aus Wehrmachtsbeständen." Ja, es gab nichts was es nicht gab. Dabei musste man höllisch aufpassen um nicht in eine Militärkontrolle zu geraten. Da fuhren plötzlich Mannschaftswagen in die Menge und die Polizei verfrachtete wahllos junge Frauen und Mädchen in die Fahrzeuge. Ursel kaufte für den Vater eine Auflegematratze, rollte sie fest zusammen und verließ rasch den Markt. Auch bei den Verwandten und deren Nachbarn konnte sie manches bekommen. Auf dem Ostbahnhof musste man viele Stunden anstehen um eine Fahrkarte in der gewünschten Richtung zu bekommen. Überall standen auch die Schwarzhändler, sie boten Karten um das vielfache des Normalpreises an. Die Eltern daheim waren froh ihre Tochter unversehrt wiederzusehen.

Norbert war gezwungen in den Bauernverband einzutreten, obwohl er nie einer Organisation angehören wollte. Nur über den Verband war Saatgut und die dringend benötigten Pflanzkartoffeln zu bekommen, aber auch die ortsansässigen Forstarbeiter spendeten etwas dazu. Der gute Landwirt aus dem Dorf zog mit seinem Gespann die Furchen über den Acker

und die vier Geschwister legten fast ehrfürchtig die Knollen in die Erde. Dabei schwärmten sie schon von einer reichen Ernte. Die versprochene Ziege, sie erhielt den Namen Trine, war auch da und gab gute Milch. An den Wochenenden vergnügten sich Christof und Ursel auf den Tanzböden der umliegenden Dörfer und kamen erst bei Sonnenaufgang nach Hause. Dann nur rasch umziehen und die Tiere versorgen. Die Müdigkeit wurde ignoriert.
Immer wieder richteten besonders die Wildschweine viel Schaden an. Als an einem Morgen die Geschwister heim kamen, ertappten sie eine mächtige Sau auf ihrem Kartoffelacker, der Wind stand günstig und so witterte das Schwein die Menschen nicht. Ehe Ursel ihren Bruder von einer unüberlegten Tat abhalten konnte, hatte dieser einen Knüppel aufgehoben und stürmte voller Wut auf das Tier zu. Dieses wühlte fein säuberlich in der Reihe die Erdäpfel heraus und verzehrte sie schmatzend und grunzend. Doch dann passierte es. Das Schwein bemerkte seinen Feind, nahm eine Angriffshaltung ein und lief nun auf diesen zu. Für die Schwester ein schlimmer Anblick. Es war gut, dass Christof kein großer Held war, er trat ein paar Schritte zurück. Das nützte die Wildsau aus und flüchtete an den beiden Angreifern vorbei in den angrenzenden Wald.
Jetzt beschlossen die jungen Leute eine Fallgrube zu bauen, wie sie es in Abendteuerbüchern gelesen hatten, und machten sich mit Eifer ans Werk. Es war eine harte und mühselige Arbeit, sie nahm einige Tage in Anspruch. Über die Grube legte man dünne Äste und streute Laub darüber. Dann wurde dem Vater stolz das Werk gezeigt. Norbert sagte schmunzelt: „Na, mal abwarten." Er wollte seinen Kindern die Hoffnung nicht nehmen, obwohl er wusste, es wird kein Ergebnis geben. Jeden Morgen gab es Spannung bei der Kontrolle, aber kein nichts, und so auch nicht das erträumte schwarze Schlachtefest. Es traten in der schlimmen Zeit auch positive Ereig-

nisse auf, so dass der Familie immer wieder ein Hoffnungsschimmer aufleuchtete.

Ein Forstlehrling bezog sein Zimmer und stattete es mit eignen Möbeln aus, auch seinen Dackel brachte er mit. Norbert unterwies den jungen Mann unter anderem bei der Haltung und Führung zu einem guten Gebrauchshund, der bei seinem Herrn bei der Ausübung des Dienstes zur Seite stehen konnte. Hund und Herrchen genossen natürlich vollen Familienanschluss. Im Gegenzug fuhr der Untermieter alle zwei bis drei Wochen zu seinen Eltern, die eine kleine Landwirtschaft betrieben. Er brachte immer ein großes Lebensmittelpaket und ein eben so umfangreiches mit wunderbar geschmierten Broten mit. Die Mutter hatte ihrem Sohn zwar aufgetragen, letzteres allein zu essen, aber er lieferte alles gleich in der Küche ab, mit dem Bemerken, seinen Angehörigen nichts davon zu sagen. Für alle war so für zwei bis drei Tage ein fürstliches Abendbrot gesichert.

Mutter und Tochter hatten eine Arbeitsteilung vereinbart, standen sich aber auch gegenseitig bei. Ursel versah den Einkauf und den Transport immer auf dem Buckel, kochte und versorgte die Tiere. Mathilde hatte den Hausputz, die leichte Garten und Feldarbeit.

Es war ein feuchter und kühler Sommertag. Ursel musste sich wärmende Kleidungsstücke anziehen um auf eine hohen Sprossenleiter zu steigen und die reifen und üppig gediehenen Süßkirschen vor dem Haus zu pflücken. Vom Baum aus sah sie, wie sich zwei russische Kübelwagen dem Anwesen näherten. Flink kletterte sie die Leiter herunter, um die Eltern zu warnen. Da waren die Fahrzeuge auch schon auf dem Hof. Sowjetoffiziere und Rotarmisten kamen langsam, sie waren sich ihrer Sache auch nicht so sicher, mit dem MP im Anschlag, auf das Haus zu. Norbert stand auf der Eingangstreppe und machte ein freundliches Gesicht. Mit einer Handbewegung

lud er die Männer in sein Dienstzimmer ein. Letztere waren sichtlich überrascht, keine Angst bei dem deutschen Mann vorzufinden.
Ein Offizier sprach ein gutes Deutsch und die Verständigung klappte. Es stellte sich heraus, dass sie jagen wollten und der Revierleiter ihnen dabei helfen solle. Sie kamen aus der benachbarten Kreisstadt und waren dort Chefs der gefürchteten GPU. Norbert war die Begegnung zwar nicht geheuer, er zeigte es aber nicht. Man wollte ihm sogar ein Gewehr geben, was der Förster kategorisch ablehnte und dabei auf den Befehl der sowjetischen Machthaber verwies. So war Vertrauen hergestellt. Mathilde und Tochter warteten in der Küche, bis ihnen Norbert den günstigen Verlauf schilderte. Dann fuhr er mit in den Wald, zeigte wie man die Munition zu Dumdumgeschossen macht und erklärte den Schützen warum das für die Jagd so wichtig ist. Die Männer nahmen den Hinweis gern an. Ein junger Soldat blieb bei den Frauen und stellte einen Karton mit einer russischen Zeitung bedeckt auf den Küchentisch. Der Dolmetscher hatte zuvor Anweisung gegeben: „Mutter pack aus! Mach Essen für uns, aber Lappen auf Tisch und Gläser". Er meinte wohl ein Tischtuch. „Soldat bleibt da, muss aufpassen".
Mathilde untersuchte das schmuddelige Verpflegungspaket. Alles steckte in der Zeitung Prawda.
„Aber wir machen was draus", meinten die Frauen. Da war zunächst ein Kommisbrot, dann saure Gurke, einige Stücke undefinierbare Wurst, ein Klumpen Schweineschmalz und eben soviel Butter. Im Garten gab es schon frisches Zwiebelgrün, Dillspitzen, einige Radieschen und Eiszapfen, die für die Gäste geopfert wurden. Mathilde wusste, dass in der russischen Küche reichgewürzte Appetithäppchen sehr beliebt sind. „Nicht nur Liebe geht durch den Magen, sondern auch ein guter Happen schafft Vertrauen", meinte sie. Nur eine Tischdecke besaß man. Sie stammte noch aus der alten Heimat und hatte eine

seltsamerweise Flucht, Luftangriffe, Plünderungen und so weiter überstanden. Sie sah nicht mehr schön aus, erfüllte aber ihren Zweck. Nun lag es an Ursel alles gut zu arrangieren, wobei ein paar Wiesenblumen nicht fehlten. Nur Gläser gab es nicht, aber Kaffeetassen taten es auch. Der Soldat beobachtete alles genau, wie ihm befohlen. Dabei riskierte er auch manchen Blick zu dem jungen Mädchen Als die Geschwister nach Hause kamen, wurden sie rasch über die Besucher aufgeklärt.
Dann kamen die Jäger zurück, natürlich ohne Beute. Doch der reichgedeckte Tisch ließ sie rasch die Enttäuschung vergessen und plötzlich stand da auch eine Flasche Wodka auf dem Tisch. Ursel reagierte sofort, denn sie kannte die Gewohnheiten dieses Volkes und stellte ein Gefäß mit frischem Wasser dazu.
Norbert musste mitessen, er verabscheute zwar alkoholische Getränke, konnte sie aber nicht ablehnen und am nächsten Morgen war ihm zum Sterben elend. Der erfahrene Förster erklärte den Männern in seiner ruhigen Art, dass man nur in den Morgen und Abendstunden auf jagdbares Wild treffen könne. Auch erzählte er ihnen welche Tiere wann Schonzeit haben und warum. Die Offiziere wollten bald wiederkommen und den Rat befolgen.
Am nächsten Tag hatte sich Christof Urlaub genommen. Er und Ursel schleppten zwei große Spankörbe voller herrlicher Kirschen in die Stadt zum Bahnhof, um damit in die nächste Großstadt zu fahren. Ihnen war eine Adresse von einer Fleischerei zugespielt worden, die Obst gegen Wurst tauschten. Bald fanden die Beiden die Straße und den Laden. Man musste sehr vorsichtig und diplomatisch vorgehen, denn Tauschgeschäfte dieser Art standen unter schwerer Strafe.
Die Fleischerfrau bot nur eine geringe Menge Wurst als Gegenwert. Kurzentschlossen sagte Ursel zu ihrem Bruder: „Komm nimm die Kirschen, dafür haben wir uns nicht die Arbeit und die lange Bahnfahrt gemacht. Wir haben noch

andere Abnehmer." Der Bluff zog. Sie wurden die Kirschen los und das Wurstpaket fiel nach ihren Wünschen aus.
Eine Hörnerziege, liebevoll Susi genannt, und ein Ferkel, das den Namen Jolante erhielt, letzteres war amtlich zugeteilt worden, stockten den Viehbestand auf. Später gesellten sich noch ein sehr kleines Schweinchen Ruffchen und ein zierliches Ziegenlämmchen Anuschka dazu. Beide waren wohl ihrer Dürftigkeit wegen den ehemaligen Besitzern nicht wert aufgepäppelt zu werden.
Mathilde und Ursel meinten: „Das schaffen wir!" Am Morgen wenn die Ziegen gemolken, liefen alle Tiere auf die angrenzende Koppel. Bis auf die Ziegen verschwanden die Borstentiere, die Kaninchen und die vier Hühner oft im Wald.
Am Abend, als alle bei ihrem Namen gerufen wurden, fehlte keins. Susi, die lustigste, fungierte als Wachhund über Herde und Hof. Egal von welcher Seite sich Fremde dem Anwesen näherten, sie meckerte laut.

Bis auf immer wieder auftauchende ungebetene sowjetische Soldaten, die sich nur schnell, im unerlaubten Revier, einen Braten schießen wollte, lebten die Menschen ruhig und zufrieden. Jeder ging seiner Arbeit nach. Die Heuernte der Waldwiesen wurde eingebracht. Der hilfreiche Bauer bekam auch seinen Teil, nachdem der Wintervorrat der Haustiere und zur Wildfütterung in der kalten Jahreszeit gesichert war. Mathilde ging jeden Morgen über die taunassen Wiesen und kam mit einem vollen Korb köstlicher Champignons zurück.
Die Zubereitungsvielfalt kannte keine Grenzen. Kamen die echten russischen Freunde zum Jagen, es war eine wahre Freundschaft entstanden, erlegten sie mit Norberts Hilfe auch manches Wild. Die Beute wurde auf den Hof gebracht und Norbert übernahm das Öffnen der Tiere. Ursel stand schon bereit, um die begehrte Leber in einer Schüssel und die anderen Innereien in einem Eimer aufzufangen.

Der Vater ging dabei recht geschickt vor. Alles was man ja zum Beispiel bei einem Wildschwein herausnehmen konnte, gehörte der Försterfamilie, so auch das Fett, die Lendchen und manches mehr. Die Leber wollten die Jäger gleich verspeisen. Sie sagten: „Das ist historisch," meinten aber „Tradition." Mit viel Zwiebeln ergab die gebratene Leber ein Leckerbissen und die Männer waren des Lobes voll. Natürlich hatten Mutter und Tochter auch für sich einige Stücke in Sicherheit gebracht, denn einen Aufpasser in der Küche gab es nicht mehr.
Mit der Getreideernte war es schon aufwendiger. Das Pferdegespann mit einem Mähbinder konnte die schwere Arbeit erledigen. Mathilde stellte mit ihren Kindern dann die Getreidebündel zu so genannten Puppen auf, und in den Nächten kamen wieder die Wildschweine und versuchten sich, ganz bequem den Wams voll zu schlagen. Mit viel Lärm vertrieb man sie, doch nach zwei Stunden hatten sie den Schrecken vergessen und tauchten wieder auf. Beim packen auf den großen Erntewagen war Ursel wieder in ihrem Element. Sie bewies nun was sie in ihrer zweijährigen landwirtschaftlichen Ausbildung gelernt hatte. Es ging sehr lustig zu, wenn der Bauer und sein Gehilfe die Garben auf den großen Leiterwagen reichten. Manchmal rief einer der Männer: „Näher zu mir!", um zu korrigieren. Oder: „Mädchen halt dich fest, die Pferde ziehen den Wagen weiter." Nachdem die Ladung festgezurrt war, rutschte Ursel von ihrem Olymp herunter und landete lachend und übermütig in den Armen der Männer. Dann zogen die kräftigen Pferde die wertvolle Fracht ins Dorf auf den Dreschplatz. Hier schnitten die Mädchen die Bündel wieder auf und die erfahrenen Frauen legten sie in die Maschine. Die Körner rieselten in Säcke und das Stroh fiel, schon fest zusammengepresst, seitlich heraus. Damit beschäftigten sich die Männer des Dorfes und alles musste peinlich registriert werden. Eine festgesetzte Menge bekam der Staat, der Rest blieb dem Erzeuger. Von Stund an bekam die Familie

keine Marken zum Bezug von Getreideerzeugnissen. Sie galten als „Selbstversorger „Ein Glück, der Vorgänger hatte ein kleines Stück mit Wintergerste angebaut, sie galt als Viehfutter und unterlag nicht der Abgabepflicht.
Und wieder hatte der Familienrat eine Idee. „Ursel und Christof ihr borgt euch einen Zugochsen und bringt gleich die ausgedroschene Gerste in eine nahe gelegene Wassermühle." Beide waren begeistert. Man kannte ja auch den jungen Müller schon vom Tanzboden. Drei Säcke Getreide ergaben, Gerstenmehl, Gestengraupen und Gerstengrieß, für die Menschen und Gerstenschrot fürs Vieh.
Schon stand der Mond am Himmel, aber da musste ja noch der Ochse mit dem Wagen seinem Besitzer zurück gebracht werden. Gegen Mitternacht fanden sich die Geschwister glücklich aber todmüde bei ihren Lieben ein. Was konnte man doch jetzt schönes Wohlschmeckendes zaubern. Und obwohl auch von der Kartoffelernte der Staat sein Tribut forderte, blieb den Leuten auf dem einsamen Hof noch genug zum Leben. Anspruchsvoll waren sie nicht. Sogar die Futterrüben teilten sich Mensch und Tier, die einen gekocht als schmackhaftes Gemüse, die anderen roh im Futtertrog.

Zufrieden mit sich und der Welt zog schon der zweite Winter in der neuen Heimat ein. Mit Politik kamen die Menschen kaum in Berührung. Es gab keine Zeitung und kein Radio. Die Jugend ging ihrer Arbeit und dem Tanzvergnügen nach, das genügte ihnen. Norbert hörte wohl dieses und jenes bei den Leuten, sollte er damit seine in Frieden lebende Familie belasten? Abends saßen groß und klein im Kerzenschein beisammen und spielten Rommee, und alle umfing eine mollige Wärme. Aus allerlei Wollresten strickten die Frauen besonders für die Schulkinder warme Kleidung, die brauchten sie am nötigsten. Weihnachten erinnerte schon an früher. Ein echter Weihnachtsbaum mit Kerzen, ein Kaninchenbraten mit

allem drum und dran und ein Kuchen aus Kaffeesatz, Gerstenmehl, Zucker, Natron und Sahne, gefüllt mit Kirschmarmelade, erfüllten alle Wünsche. Heißer Holunderbeersaft vervollständigte die Glückseligkeit der Menschen.
Zunehmend verspürte Ursel einen Schmerz unter der rechten Fußsohle. Der Arzt stellte eine Warze fest, die nur operativ entfernt werden konnte. Eine Äthernarkose blieb ihr nicht erspart, um das Ärgernis auszuschälen und die Wunde zu nähen. Als Verbandmaterial dienten immer noch Krepppapierbinden, wie vor einigen Jahren bei der kleinen Schwester. Nach vierzehn Tagen war alles gut und das gewohnte Leben ging mühelos weiter. Im Forstamt musste Norbert oft den jungen Leiter vertreten. Er war der dienstälteste und erfahrene Forstmann und hatte beruflich Kontakt mit der Bevölkerung. Norbert und seine Frau bekamen eine Einladung zum Bauernball. Mathilde lehnte es ab den beschwerlichen Weg auf sich zu nehmen und so zogen Vater und Tochter los um sich in das ungewisse Vergnügen zu stürzen. Bereut haben sie es nicht.
Im zeitigen Frühling gab es eine freudige Abwechslung. Mathildes Bruder mit Frau waren auf der Durchreise und blieben einige Tage zu Besuch. Sie selbst hatten keine Kinder, brachten aber ihren kleinen Neffen mit, den sie später auch als Kindesstatt annahmen. Onkel konnte so wunderbar erzählen und alle hingen stundenlang an seinen Lippen. Mathilde blühte in diesen Tagen richtig auf.
Eleonore und Friedrich lebten und genossen ihr Kinderdasein. In der Schule erfüllten sie ihr Pensum, wobei der jüngere Bruder oft etwas leichtsinnig war. Eleonore half ihm über alle Klippen, die Schwester tat es mit Selbstverständlichkeit. Im Ort hatten die freundlichen und bescheidenen Kinder Gönner gefunden.
Bei den kinderlosen Ehepaaren konnten sich die beiden, wenn es Nottat aufwärmen. Es gab etwas zu trinken und ein gut belegtes Brot und beide Parteien unterhielten sich ungezwun-

gen und waren dabei glücklich. So genoss jeder seine Freiheit, aber doch in der Familie eingebunden. Die Mutter erlaubte es die erwachsenen Freunde mal einzuladen. Ursel ersann ein Gebäck und als die Gäste eintrafen gab es noch eine Kanne Malzkaffee dazu. Zunächst mussten sich ja die Erwachsenen mal beschnuppern, die Kinder hielten sich im Hintergrund. Norbert und Christof waren noch im Dienst. Da brach plötzlich der ganze Kummer und die Sorgen aus Mathilde heraus. Unter weinen und schluchzen erzählte sie den fremden Menschen ihre Lebensgeschichte. Ursel konnte es nicht fassen, was da mit der Mutter vor sich ging. Für Mathilde bedeutete es eine große Erleichterung sich mal alles von der Seele reden zu können.

Bald danach sorgte ein Brief ohne Absender erneut für Unruhe. Er hatte den Poststempel von Pyrmont, sonderbar. Norberts Chef von früher schrieb ihm, er solle Vorsicht walten lassen, denn ein Privatdetektiv sei bei ihm aufgekreuzt um Erkundigungen über ihn einzuholen. Der Familienrat trat zusammen. Die Flucht nach vorn erschien das Beste.

An jedem Mittwoch tagte das Entnazifizierungs-Komitee in der Kreisstadt.

Norbert nahm seine Älteste mit, als Zeuge und Stütze, um sich zu offenbaren, und die Last der Lüge los zu werden. Man war sich zu dieser Zeit nie sicher gleich in Gewahrsam genommen zu werden, aber nichts geschah. Die Aussagen wurden protokolliert und der Aufstieg in die Bergwälder kam ihnen leicht vor.

Das Leben verlief weiter in den gewohnten Bahnen. Norbert versah den Vertretungsdienst. Ein Einschreiben nahm Norbert von der Bezirksbehörde entgegen. Es war seine eigne sofortige Entlassung. Welch Ironie. Auch einen Nachfolger hatte man schon benannt und die augenblickliche Räumung der Dienstwohnung angeordnet. Der Familienrat trat wieder zusammen. Wohin bei der schlimmen Wohnungsnot?

Von einem Geschäftsmann konnte Norbert eine kleine, einsam gelegene Wochenendhütte mieten. Sie unterlag nicht der Wohnraumlenkung. Norbert musste und wollte sich ganz korrekt der Übergabe stellen, denn nicht nur die dienstlichen Papiere, sondern alle persönlichen Dinge mussten per Kaufvertrag veräußert werden. Mathildes Wahlspruch: „Besitz belastet", fand seine Bestätigung. Und so waren die wenigen Möbel und Sonstiges auch rasch am Straßenrand abgeladen, dieses mal von einem Lastwagen, und über eine Wiese in das neuen Domizil geschleppt. Die Hühner, die Kaninchen und die gute Ziege, Trine, kamen als lebendes Inventar mit.

Die Neuankömmlinge fanden ein kleines Rinnsal das von einer Quelle gespeist wurde vor, dieses sorgte für das Trinkwasser. Es war beschlossene Sache, Norbert reiste als Vorhut in eine westliche Zone um mit Mathildes Verwandten Kontakt aufzunehmen und vielleicht eine Arbeit zu bekommen. Die Grenzen bewachten noch die Alliierten, und wenn auch mit Herzklopfen, konnte man das Hindernis gefahrlos überwinden. Norbert fand liebevolle Aufnahme, man war sich ja nicht fremd. Auch mit den Behörden gab es keine Probleme, da war es mit einer Wohnung für sich und seine zurückgelassenen Lieben schon viel schwerer. Ein Päckchen mit Bohnenkaffee und Schokolade erreichte die Zurückgelassenen bald. Die Mutter meldete ihre beiden Jüngsten in der kleinen Dorfschule an und nahm Trine zu einer befreundeten Flüchtlingsfamilie mit, die einen Stallplatz für das Tier zu Verfügung stellte.

Doch zur Ruhe sollten die Menschen nicht kommen. Christof durfte logischerweise als Nazikind auch nicht mehr im Staatsdienst arbeiten, da halfen wohlgesinnte Menschen und nahmen ihn für Kost und Logis als Knecht in ihrem Haus auf. Die Gönner schickten auch immer einige Lebensmittel mit, wenn Christof seine Lieben besuchte.

Ursel meinte in der Stadt in einer Leichtmetallfabrik Arbeit zu bekommen, denn nun war sie wieder für den Unterhalt

von Mathilde und den kleinen Geschwistern verantwortlich, sie hatte es dem Vater hoch und heilig versprochen. Sie bewarb sich. Ein abschlägiger Bescheid, mit der Begründung: „Ein Nazikind kann in einem SAG Betrieb nicht beschäftigt werden." SAG Betriebe standen unter sowjetischer Herrschaft. Zu allem Übel wurden die Menschen von der Währungsreform überrascht, da war wieder das Geld weg, was Norbert bei der Wirtschaftsauflösung als Absicherung für seine Frau und die Kinder eingeplant hatte. Resignieren gab es nicht. Ursel wandte sich an den Vater ihrer Freundin. Dieser war im besagten Betrieb in der SED Leitung und schon klappte es mit der Einstellung. Eineinhalb Stunden hin und den gleichen Weg zurück mussten nun täglich zu Fuß bewältigt werden. Aber Ursel konnte ihr Versprechen halten und das beflügelte sie immer wieder. Sie war nie allein, denn rasch fand sie Weggenossen mit denen sie das gleiche Schicksal teilte. Eine Bierflasche voll Ziegenmilch und eine trockene Schnitte konnte die Mutter ihr mitgeben. Zum Mittag gab es in der Werkskantine eine Schüssel Suppe und ein Stückchen Brot.
Ursel wurde in die Montage für Invalidenwagen eingewiesen. Es war für sie Neuland, denn in einer Fabrik war sie noch nicht gewesen. Sie feilte und hämmerte bis alles passend war und ging ganz auf in ihrer neuen Tätigkeit.
Die fertige Ware ging ausnahmslos als Reparation in die Sowjetunion. Der Lohn wurde pünktlich gezahlt. Bald suchte man Bedienung für die zweistündige Essenausgabe. Da war das Mädchen natürlich gleich dabei. Für eine zweite kostenlose Schüssel Suppe mit einem Stückchen Brot, froh wenn es ein Endstück erwischte, denn dieses war größer als die gewöhnliche Schnitte, opferte es gern die Mittagsstunde und die zweite gab es als Freistellung von der Abteilung. Die Suppe aß Ursel selbst, das Brot nahm sie mit nach Hause.
Ursel bewarb sich um eine Umschulung als Schlosser, man brauchte aber dringend Schweißer. „Na gut, mache ich eben

das.", meinte sie. Nach sechs Wochen Anlernzeit musste sie schon wie alle anderen im Akkord mitarbeiten. Es war nicht leicht und oft gab es Tränen, wenn es nicht so gut ging. Nur eine Kollegin war mit in der Abteilung unter achtzig Männern, die manches Ärgernis bereiteten.

Mathilde versorgte den Haushalt und fand für Mensch und Tiere im Wald und auf den Wiesen manche Leckereien. Trine dankte es morgens und abends mit ihrer guten Milch. Die Waldfrüchte und Pilze bereicherten den Speisezettel. Es hatte sich herumgesprochen, dass Ursel auch von diesen Köstlichkeiten ihren Arbeitskollegen zum Kauf aber lieber noch zum Tausch mitbrachte. Mathilde kam sich nicht mehr so nutzlos vor, konnte sie so etwas zum Unterhalt beitragen. Und die vier Hühner legten manches Ei in die vorgesehene Kiste oder gleich in die Veranda. Über Nacht saß das Federvieh in den Ästen der hohen Bäume und die beiden Kaninchen lebten hinter dem Haus in einer Holzkiste.

Gute Pflege war ihnen sicher, denn sie sollten einen festlichen Weihnachtsbraten abgeben.

Die Sommerferien waren vorbei. Eleonore und Friedrich schlenderten mit dem Schulranzen auf dem Rücken, die wenig befahrene Straße nach Hause. Heute hatte Mutti Geburtstag. Die große Schwester brauchte an diesem Tag nicht zur Arbeit und vom Vati war ein Paket angekommen. Mathilde besorgte ausnahmsweise die Trine, im Dorf heute eher, und die beiden Schulkinder hatten sich vorgenommen, unterwegs noch einen herbstlichen Blumenstrauß am Wegrand zu pflücken. Wenn Christof noch eintraf, konnte die Geburtstagsfeier beginnen. Am Feldrand fanden die Kinder noch einige liegen gebliebene Getreideähren. Gut passten sie in die Blumen. Da kam auf einmal laut schreiend ein Bauer über das Feld gelaufen. Er hatte eine Sense in den Händen, mit der er drohend in Richtung der Kinder kam. Er schrie: „Ihr Diebe, ihr hergelaufenes Pack, euch werd ich's zeigen!" Da liefen die Kinder so schnell sie konnten zu ihrem Häuschen, die Blumen fest in den Händen haltend und der Mann immer hinterher. Ursel hörte den Lärm, schob die verängstigten Geschwister rasch in die Wohnung und stellte sich mit in die Hüften gestemmten Armen dem Angreifer in den Weg. Diesem verschlug es die Sprache bei soviel Dreistigkeit. Das hatte noch keiner gewagt, denn der Mann war als sehr jähzornig bekannt. Ursel sagte laut und deutlich: „Verlassen sie sofort das Gelände, und wagen sie keinen Schritt weiter. Ich zeige sie wegen Hausfriedensbruch an!" Der Mann machte kehrt und trottete von dannen. Ursel zitterten aber doch die Knie und alle umarmten sich glücklich. Die Familie verlebte noch ein frohes Fest.

Bald danach als die Kinder früh zur Schule gingen fanden sie eine recht umfangreiche Federmappe. Ein gewöhnlicher Sterblicher konnte von dem wertvollen Inhalt nur träumen. Die Versuchung war groß, den Fund zu behalten. Eleonore entschied: „Das geben wir gleich auf dem Bürgermeisteramt ab." Gesagt, getan und der Fall schien erledigt. Am Nachmittag darauf kam ein Mädchen mit dem Fahrrad auf dem Grasweg zum Häuschen. Mit einem Einkaufskorb in der Hand klopfte es an die Tür. Etwas verschämt grüßte es und schloss gleich einen Dank für die abgegebene Federmappe an. Ehe die Überraschten etwas erwidern konnten, den Kindern war es nicht wichtig gewesen daheim davon zu berichten, packte die Besucherin eine Schüssel gefüllt mit weißem Mehl und dazu legte sie ein Stück Butter. „Meine Mutter schickt ihnen das zum Dank mit. In das Mehl hat sie auch noch ein paar Eier gesteckt, aber mein Vater darf es nicht wissen.
Der lässt ihnen sagen, wenn ihre Kinder aus der Schule kommen, sollen sie sich jeden Tag ½ Liter Milch abholen." Bald kam ein gutes Gespräch auf. Unter anderem erzählte das Mädchen, dass sie täglich mit dem Rad in die Stadt zur Oberschule fährt und dabei ihre Kostbarkeit verloren hat. Etwas verwundert äußerte sie sich, dass ihr Vater gegen seine Ge-

wohnheiten soviel Milde walten lies. Bald stellte sich heraus, er war der Bauer der die Kinder mit der Sense bedroht hatte. Ein Glückstag für alle.

Die Adventszeit rückte heran. Das Wetter zeigte sich schon von seiner unfreundlichen Seite. Ursel musste oft über die reguläre Straße einen beträchtlichen Umweg zu ihrer Arbeitsstelle machen und das noch bei Dunkelheit. Mathilde wollte diese Strapazen ihrer Tochter ersparen. Also marschierte sie in die Stadt zum Wohnungsamt, traf dort auf den Dienststellenleiter, er stammte aus der Heimat, und der Kontakt klappte gleich. Ursel bekam ein Zimmer mit kaputtem Kanonenofen zugewiesen. In der Fabrik fertigte ein Schlosser das fehlende Teil.

Herausschmuggeln musste sie es unter Herzklopfen selbst. Es war das einzige mal, dass sie etwas gestohlen hatte und Mutter beruhigte das schlechte Gewissen: „Der Zweck heiligt die Mittel."

Das Holzhaus war mit Säcken, Lumpen und Heu winterfest gemacht, nur eins der drei Fenster blieb frei. Mathilde lebte nun mit ihren beiden Jüngsten in der Woche allein. Nur am Wochenende war Ursel da und manchmal auch Christof.

Eines Morgens nach tiefem und festem Schlaf, mussten sie zu ihrem Schrecken feststellen, dass in der Nacht beide Kaninchen gestohlen wurden. Eleonore und Friedrich empörten sich, doch Mathilde hatte gelernt Rückschläge zu meistern und sagte ganz gelassen: „Da muss halt zu Weihnachten ein Huhn dran glauben." Sie wusste und glaubte fest daran, bald würden sie zu Norbert reisen, und alles musste wieder zurückgelassen werden. Vorsichtshalber steckte man aber die Hühner über Nacht in die Kiste und nahm sie mit ins Haus.

Norbert lebte indessen bei den Verwandten in einem kleinen Abstellraum und hatte Arbeit im Steuerbüro bekommen. Ständig war er auf der Suche nach einer Unterkunft für seine Lieben. Auch in Niedersachsen war Wohnungsnot, denn die vielen Menschen, die aus dem Osten ins Land strömten, brauchten ein Dach über den Kopf. Onkel und Tante taten ihr Möglichstes dazu. Post ging von Ost nach West und von West nach Ost.

Der Frühling durchströmte mit aller Macht das Land. Da kam die erlösende Nachricht vom Vater: „Eine Dachwohnung in einem Gutshaus ist gefunden." Nun hieß es wieder alle Zelte abbrechen. Die Ziege durften Freunde behalten und die Hühner auch. Ursel konnte eine leere Mansardenstube mieten und die wenigen Möbel dort unterbringen. Auch dieses mal galt der Entscheid der Mutter: „Du bleibst hier, denn du hast gute Arbeit und bist als Schweißer Spitzenverdiener. Wer weiß, ob du dort drüben Arbeit bekommst." Es stimmte schon, oft war bei ihr mehr Geld in der Lohntüte als bei einem Bergarbeiter, der sich Untertage abplagen musste. Es war die Zeit der Hennikebewegung für den Bergbau und der Schwerindustrie. Und in der Leichtindustrie wurde „Frieda Hockauf" als besonders fleißig den Arbeitern als Vorbild gegeben. Die Begeisterung und das Interesse waren groß. Ursel, sie lebte ja ungebunden, ihr machte es Spaß mit den Männern zu wetteifern. Bald bekam sie Auszeichnungen und Urkunden als Bestarbeiterin.

Und dann kam das traurige Abschiednehmen von der Mutter und den Geschwistern. Alles was in die Westzone mitgenommen werden sollte, musste in zwei Kisten verpackt werden und ein Umzugsunternehmen übernahm den Transport ganz legal über die Grenze. Mathilde und Ursel fuhren davor noch in die Großstadt. Sie kauften dort noch auf alle Punkte der Kleiderkarten, guten Stoff.

Ein Abschiedsessen gönnten sich die beiden Frauen anschließend in der eben eröffneten ersten Gaststätte der staatlichen Handelsorganisation. Die Preise sehr hoch, aber ohne Abgabe von Lebensmittelmarken. Sie bestellten sich „Marinierten Hering mit Kartoffeln." Es war ein Festessen.

Aus dem Stoff nähte eine Schneiderin für Friedrich eine lange Hose und dazu eine Bundfaltenjacke und für Eleonore einen Trägerrock, zu mehr reichte der Stoff nicht. Die Besitzer waren sehr stolz auf ihre neuen Garderobe. In die Schule gingen sie nicht mehr und in die Schulranzen packten sie ihre persönlichen Dinge. Der große Bruder hatte einen umfangreichen Rucksack zu tragen.
Eigentlich konnte das große Abendteuer beginnen. Da bekam Mathilde die Nachricht, dass ihr Bruder in Thüringen gestorben ist. Es war der einzige Bruder der mit seiner Familie in der Ostzone lebte. Natürlich wollte sie ihm das letzte Geleit geben und dessen Frau und den drei kleinen Kinder etwas Trost spenden.
Ihre eignen drei Kinder (9, 11 und 17 Jahre) setzte sie in den Zug in Richtung Grenze, wo Norberts Bruder noch auf der östlichen Seite als Forstmann Dienst tat. Zwei Tage durften sie sich bei ihm ausruhen. Dann besorgte der Onkel ihnen Spazierstöcke, für Eleonore und Friedrich sägte er einfach ein Stück ab, um sie passend zu machen. Das Gepäck geschultert und schon ging es als lustige Wandersleute der grünen Grenze entlang. Onkel kannte ja die Schleichwege und wann die Wachposten kamen. Im geeigneten Augenblick noch eine kurze Umarmung. „Nun lauft was ihr könnt, dort unten im Dorf seit ihr in Sicherheit", flüsterte der Onkel. Alle hatten Herzklopfen, wenn es auch den beiden Jüngeren wie ein lustiges Geländespiel vor kam. Christof dagegen nahm es sehr ernst. Hatte er doch jetzt zum ersten mal eine volle Verantwortung, aber bald sind wir beim Vater, hoffte er. An der vorher bestimmten Stelle standen zwei Koffer, die ihnen gehörten, wie kamen die dahin? Eine Frau bat sie ins Haus und hatte schon eine Wegstärkung bereit. Dann wanderten die Drei in Richtung Göttingen. Christof hatte den größeren Koffer auf die Schulter genommen und durch die Riemen des kleineren schob man einen Spazierstock. So konnten die Kinder ihn gemeinsam tragen.

Bald kam die kleine Gesellschaft ans erste Ziel. Christof sollte dem Vater von dort aus telegrafieren und Norbert wollte auf dem gleichen Wege den Kinder Geld zur Weiterfahrt mit der Bahn schicken. Christof war der Sparsame, oder fürchtete er sich in der ungewohnten Gegend aktiv zu werden?
Also entschied er: „Vati braucht das Geld selber. Wir laufen!" Ein paar Westmark waren bei dem Gepäck auch hinterlegt worden. Was war denn das? Dort gab es etwas essbares zu kaufen. Einen Kiosk kannten sie nicht. Christof rechnete sehr mit seiner Barschaft und erstand etwas gegen den Hunger und den Durst. Der Verkäufer schenkte das Proviant und noch eine Mark zwanzig dazu und zeigte ihnen wie sie wenigsten die Straßenbahn bis zur Endstation nutzen können.
Auch die Straßenbahn war so fremd. Also wurde weiter marschiert, damit waren alle vertraut. Die unverhoffte Einnahme konnte man sparen, die Erfahrung hatte besonders Christof gelehrt, es kann noch schlimmer kommen.
Vier Tage marschierten die Geschwister in Richtung Vati. Dieser und die Verwandten harrten voller Sorgen auf ein Lebenszeichen. Sollte ihnen an der Grenze etwas zugestoßen sein? Die Kinder aber schlugen sich recht und schlecht durch. Ab und zu gab es einen mitleidigen Pferdekutscher oder einen Lastwagenfahrer der die beiden Jüngeren und das Gepäck ein Stück mitnahmen. Der große Junge musste immer laufen und wurde dann nach einigen Kilometern von den Kleinen und dem Gepäck, am Straßenrand erwartet. Ein ungutes Gefühl beschlich den Bruder doch einmal, als er erst nach siebzehn Kilometern seine Schutzbefohlenen wiederfand. Übernachten konnten sie im Viehstall oder in einer Scheune und zu essen gab es auch immer was.
Der höchste Genuss war eine Bohnensuppe, die sie als Bettelkinder auf den Treppenstufen eines Siedlungshauses verzehrten. Dann tauchte ein Schild auf und alle riefen: „Nur noch fünf Kilometer, dann sind wir endlich bei unserm Vati!" Ein Bau-

er nahm die kleine Gesellschaft das letzte Stück auf seinem Kuhwagen mit. Er war sehr freundlich und Eleonore meinte: „Es gibt eben noch andere Bauern als der mit der Sense." Schnell fanden die glücklichen Kinder das Haus in dem ihr Vater wohnte. Allen fiel ein Stein vom Herzen, als die Ankömmlinge die schmale Holztreppe herauf gepoltert kamen. Stolz zählte der große Sohn dem Vater noch ein paar Geldstücke auf den Tisch. Norbert sagte anerkennend zu Christof: „Da hast du ja gleich noch ein kleines Guthaben in die neue Heimat mitgebracht. Morgen kommt auch Mutti hier an. Sie wird besonders stolz auf euch sein."

Die Autorin

Rosel Sättler

Rosel Sättler (geborene Jaekel) wurde am 09. August 1928 geboren, besuchte die achtklassige Volksschule und absolvierte eine landwirtschaftliche Hausarbeitslehre.
Während und nach ihrer Flucht aus Schlesien im Januar 1945 erlebte sie alle Wirren des Krieges und Nachkrieges.
1950 heiratete sie den schwer kriegsverletzten Hugo Sättler, der 1990 nach langem Siechtum starb.
Acht Kinder, achtzehn Enkel und sieben Urenkel gingen aus der Ehe hervor.
1992 begann sie ein Fernstudium für Jornalistik und Belletristik an der Axel Andersons Akademie in Hamburg.
Rosel Sättler verfasste Zeitungsartikel und das Buch „Tausend Jahre überleben".

Ursula Waage

Bleib übrig
Aus den Tagebuchaufzeichnungen in der Festung Breslau und der Nachkriegszeit von Januar 1945 bis April 1947

Eine damals Sechzehnjährige erlebt, 85 Tage in der Festung Breslau eingeschlossen, das Inferno eines mörderischen Widerstandskampfes bis zum Ende des Zweiten Weltkrieges. Nach den Kampfhandlungen ist die Stadt zu fast 70 % zerstört. Hunger und Typhus breiten sich aus. Die meisten Menschen haben ihr Hab und Gut verloren.
Aus Breslau wird Wroclaw und damit zur neuen Heimat polnischer Vertriebener. Deutsche und Polen müssen lernen, Verständnis füreinander aufzubringen und friedlich miteinander zu leben und zu arbeiten, bis die Deutschen endgültig ihre Heimat verlassen müssen.

Preis: 7,90 Euro   Paperback
ISBN 978-3-937027-57-9   94 Seiten, 13,8 x 19,6 cm

Edith Steinmann – an Haack

Schlesisches Tagebuch
Tagebuchnotizen 1945/46

„Und die Straße wird immer unheimlicher. Wie ein dicker Pelz liegt der Schnee, niemand schippt ihn weg. Kein Kind lacht, ruft oder schreit. Nachts laufen Hunde heulend von Tür zu Tür und suchen ihren Herrn. Im Kinderzimmer stehen die weißen Bettchen, das Spielzeug von Bernd und Gisela, und wahrscheinlich werden sie es nie wiedersehen..."
Von Januar 1945 bis zum Sommer 1946 hat Edith Steinmann - an Haack Tagebuch geführt. Sie schreibt auf, was sie miterleben muß, als die Stadt Breslau zur Festung erklärt wurde, und sie hält Zwiesprache mit sich selbst in ihren „Briefen ins Dunkel", die sie aus dem schlesischen Altheide an ihren einstigen Mann schreibt, ohne hoffen zu können, daß er sie je lesen wird.
Ein bewegendes Zeitdokument und das Porträt einer Frau, die mutig und verzagt, hoffnungsvoll und verzweifelt Antwort auf die Fragen sucht, die sie bedrängen.

Preis: 9,80 Euro
ISBN 978-3-931950-85-9

Paperback
159 Seiten, 13,8 x 19,6 cm